凝煉知識品味閱讀

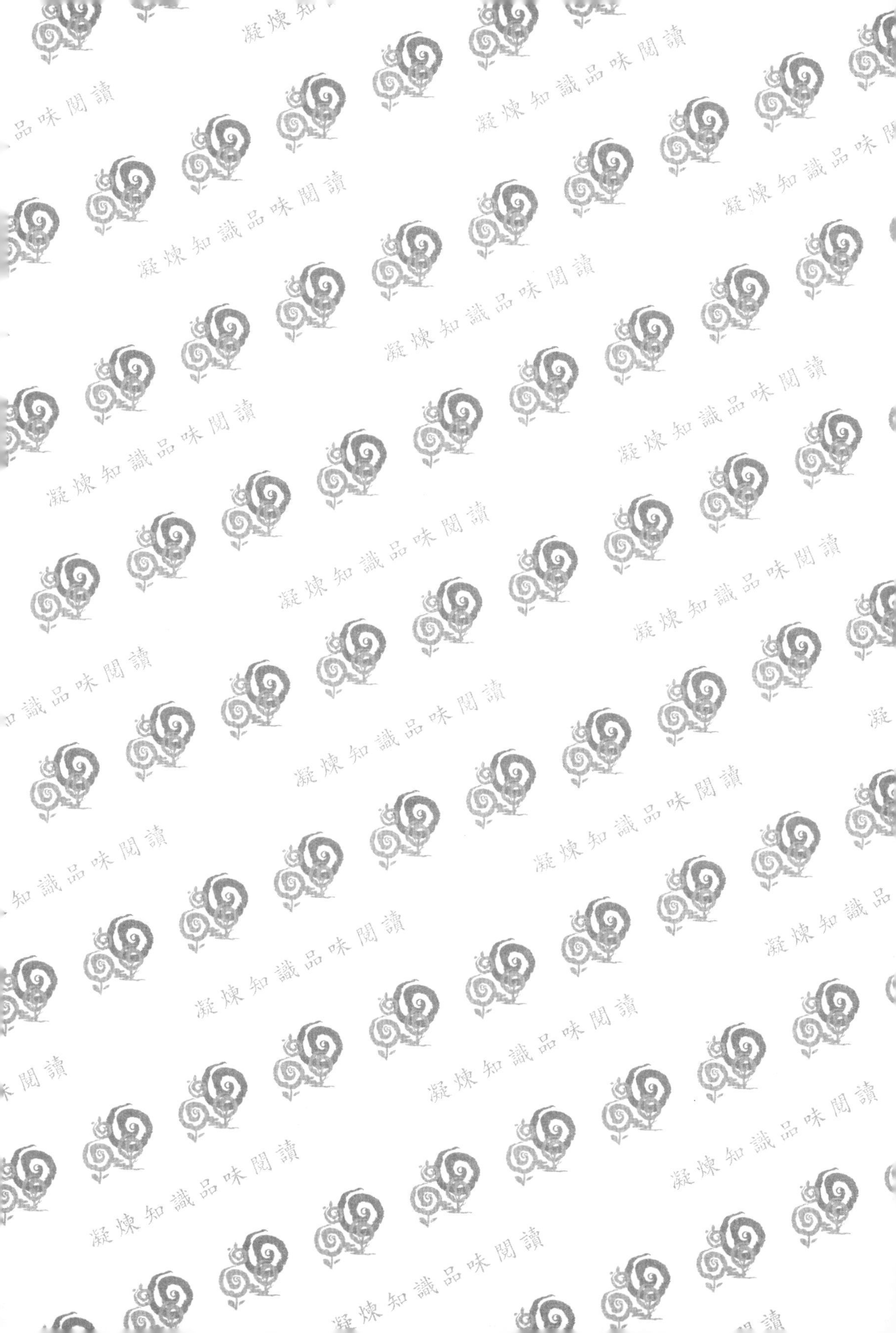
凝煉知識品味閱讀

朱嘉雯經典文學情商課1

蘇東坡

竹杖芒鞋輕勝馬，笑看人生的大文豪

朱嘉雯——著

五南圖書出版公司 印行

蘇東坡與可愛豬——作者序

我知道有些人喜歡蒐集小豬造型的文創什物，因爲這些可愛的豬仔圓嘟嘟的，給人很敦厚、憨傻的感覺，看久了，還有心理療癒的效果。我也喜歡小豬！不過都是文學作品裡的豬。這樣一說，大家馬上就會想到《西遊記》。在這部經典小說裡，八戒果然是那最逗趣的角色。隨手舉個例子，小說第八十五回，回目是「心猿妒木母」，心猿是悟空，木母是八戒。我們想大師兄孫悟空總是那樣的強勢逞威風，卻沒想到在他的潛意識裡一直都嫉妒著八戒，這恐怕就是因爲三藏法師總是偏袒二徒弟的緣故吧。

在這一回故事裡，悟空謊稱前方村莊家家戶戶都在齋僧。其實哪有什麼村莊？前方盡是妖精出沒的洞窟啊！悟空這麼說的目的就是要陷害八戒，因爲他這個師弟食量大，又貪吃。果不其然，呆呆的二師兄馬上中圈套，他找了個藉口，準備單槍匹馬前去，好好地大快朵頤一番。可是沒想到，孫悟空整人是沒完沒了的！他一把上前扯著八戒說道：「兄弟，他那裡齋僧，只齋俊的，不齋醜的。」八戒有點吃驚：「這等說，又要變化？」行者道：「正是，你變變兒去。」別小看這獃子，他好歹也有三十六般變化。只見他走到山凹裡，捻著訣，念動咒語，搖身一變，就變做個矮瘦和尙。手裡敲著木魚，口裡哼阿哼的，可是又不會念經，只得哼著「上大人」。

所謂的「上大人」，就是古代童子描紅練習寫字的書法字帖。孩子們學寫字，都是由簡入繁，所以這本字帖一開頭的三個字便是：「上大人」。八戒念著這麼簡單的識字童書，看起來眞像個天眞無邪的小朋友。只不過這個永遠學不乖的小朋友，此刻又被大師兄耍得團團轉了！

當然八戒是吃不到齋飯的，等到他被一大群妖精包圍得水泄不通，逃生無門時，這獃子便要起狠來，自報了家門：「巨口獠牙神力大，玉皇升我天蓬帥。掌管天河八萬兵，天宮快樂多自在……。」吳承恩將民間道教信仰中的護法神天蓬元帥置入《西遊記》，並且讓我們看到書中的天蓬乃是水神，統領天河大軍。於是天蓬元帥從民間信仰之掌管北斗與酆都的威風將軍，陡然變化成了一個獃氣十足的落魄水神。

然而豬造型的水神，早在北宋已經成形。蘇東坡生活的年代，民間就有膜拜天蓬神的習俗，並且流行〈天蓬神咒〉，百姓如果常念此咒，可以護身與祈福。至於以豬作爲水神的形象，可能也是從這時候開始的。我們來看蘇軾寫的一段故鄉憶往。那時他還在四川眉州，當地青神縣道路旁有一座小佛屋，這裡面拜的是「豬母佛」。爲什麼拜豬母佛呢？原來傳說在一百年前，曾有一頭牝豬匍匐在這小屋裡，後來化爲泉水，水中還冒出兩尾鯉魚，人們認爲這鯉魚就是「豬龍」。於是鄉里之間，設立了這座佛屋來供奉牝豬。東坡特別說道：「蜀人謂牝豬爲母。」因此這裡所供奉的神祇便稱爲「豬母佛」。於是我們看到了一千年前，在四川有牝豬化爲清泉，因此百姓崇拜水神的信仰習俗。

那麼這泉水有多深呢？而蘇軾又與這一汪泉水發生了什麼樣的關係呢？原來此泉出於石上，雖然深不及二尺，但是卻有個奇特的現象，那就是每遇大旱總不乾竭，而我們之前提到的泉中有兩尾鯉魚，這卻不是一般人等閒能看得到的。有一天，蘇軾經過此泉，突然見到傳說中的「豬龍」！這一喜，非同小可！他趕回家去告訴大舅子王願，可是王願卻以懷疑的眼神看著蘇軾。更過分的是，這位妻兄甚至認爲蘇軾在編故事扯謊。試想當蘇軾看到這兩尾豬龍時，是多麼地歡喜！他想都沒有多想，就跑去找大舅子，也可見他最喜愛與信任的人就是王願。可是王願卻完全不相信他說的話，這讓蘇軾深感不平！於是他拉著王願來到泉上，然後虔誠地祈禱：「爲了證明我沒說謊，但願鯉魚能再浮現一次。」沒想到蘇軾才剛剛誠心念完禱詞，兩尾鯉魚便立刻出現了！王願看得目瞪口呆！當然他也趕緊向蘇軾深深地謝罪。

事後，蘇軾更加相信豬母佛之靈驗！而且眉州當地還流傳著一個豬母佛慈悲救人的故事：有孝子因老父病重而趕路去求醫，夜晚經過豬母的小佛屋，突然有個戴孝揹琴的人，很熱忱地邀請這位孝子進屋裡去坐坐，然而孝子不肯，這個負琴者便苦苦挽留，乃至整晚一直纏著他不放，直到破曉時分，這位孝子好不容易擺脫了糾纏，才繼續往前趕路，沒想到剛走不了幾里路，竟赫然看見不久前被盜賊殺害的屍體橫陳在路上，而且死者的身體尚有餘溫。孝子這才恍然，是豬母佛救了他。這個故事，蘇軾記載於《東坡志林》文集中，也顯見他非常喜愛豬母佛的慈悲救苦。

至於東坡與「豬」的關係，當然還有他因長期貶謫所練就的高超烹調手藝。東坡曾經寫過信給摯友秦觀，信中說他初到黃州，因是犯官的身分，所以斷絕了薪俸，但家中人口還是要吃飯，這使他內心憂慮不已，於是痛下決心要節儉：「初到黃，廩入既絕，人口不少，私甚憂之，但痛自節儉。」因此是他選擇烹調較為平價的豬肉。此外，東坡亦曾在〈於潛僧綠筠軒〉詩裡說道：「可使食無肉，不可居無竹。無肉令人瘦，無竹令人俗。人瘦尚可肥，俗士不可醫。旁人笑此言，似高還似痴。若對此君仍大嚼，世間那有揚州鶴！」東坡之愛竹，可於此窺見。有一回，他送竹筍給李公擇，當時賦詩一首道：「我家拙廚膳，彘肉芼蕪菁。送與江南客，燒煮配香粳。」東坡是很有實驗精神的，他在家裡先用蕪菁，也就是大頭菜來燒豬肉，結果發現不搭配，於是他建議黃庭堅的舅舅李公擇以竹筍來燒豬肉，如此保證很下飯！

至於在〈豬母佛〉這篇文章的最後，蘇軾還指證歷歷告訴我們，這牝豬所化成的泉水就在石佛鎮南五里許，而離青神縣則是二十五里。這個清楚的地理指標，說明在他寫作的當下，這汪牝豬幻化的清泉，還在汩汩地湧現，並且鄉人對於小佛屋所貢獻的香火，也依然纖纖裊裊地盤繞在青神縣的空氣中。事實上，宋代民間不僅有豬母佛崇拜的習俗，甚至於連《西遊記》中豬八戒的形象，至晚也是在宋代成形的。而且最遲到了元代，豬八戒的喜感形象已經出現在雜劇中了。所以天蓬元帥豬八戒的特殊面貌，乃是在文學文化史的長河中逐漸浮現進而定形的。然而若要追溯八戒形象的源頭，我們可以從歷史上第一位上西天拜佛求經的人說起，他是三國時代魏國人朱士行，而且他也是中國歷史上第一位登壇受戒的漢家沙門弟子。朱士行在出家十年後，展開了長途跋涉的求經之旅，從今天的甘肅走到了新疆塔里木盆地的塔克拉瑪干沙漠南端，當時這裡有個古老的國家稱為「于闐」。朱士行在此抄譯《大品般若經》，最終也在此地圓寂。朱士行不僅西行取經、抄經、譯經的時間比玄奘法師早了三百五十年，更有意思的是，他的法號就叫「八戒」！因此，許多人認為文學史上最可愛的豬造型水神的源頭，可能就是三國朱士行。

回顧蘇東坡的時代，宋人祭拜豬母佛，而且蘇東坡還特別寫下了有關於祂的傳奇。但其實祭祀牝豬的習俗，不僅在四川，臺灣也有。例如：臺南北門興安宮就有一座豬母娘娘廟，聽說為人牽紅線時，特別靈驗！但是這位神主卻有著悲慘的身世……。祂生前因為懷有身孕，被屠夫一時心軟所釋放，當祂來到蚵仔寮時，因腹中飢餓難忍，遂偷吃了村人的食物，卻不料因此被村民給活活打死！這一屍多命的冤魂太不甘心！於是從此夜夜作祟，擾得全村不得安寧！最後村民決定在興安宮裡祀奉豬母娘娘，這才消弭了為禍的邪祟。

此外，在高雄旗山有一座八路財神廟，廟內供奉的神明之一，乃是天蓬元帥，據說天蓬的信徒比前來拜財神的人還多呢！只不過來拜祂的香客多屬於特種行業。而比起臺南豬母娘娘專為人求姻緣，那高雄的天蓬元帥可說取得了不同的客源。至於造型最酷的還是馬祖天后宮裡的陪祀神天蓬元帥，因為祂竟然是個紅臉長髯的武將，左手還握拳放在膝上，這麼一位關公造型與姿態的神祇，令我們幾乎錯亂，以為不是在天蓬元帥府，而是置身於關聖帝君的殿堂了。幸而這位紅臉帥氣的神明，右手拿的不是青龍偃月刀，而是豬八戒的獨門武器——上寶沁金鈀，又稱九齒釘耙，這才讓信徒們確定了祂的身分。而且傳說這一尊神像是從海上漂來的，被海邊嬉戲的兒童所撿拾，自從祂被安置在天后宮之後，便專門保佑生病的人早日康復。於是我們發現，豬造型的神明在婚姻、攬客、健康與財富等各方面都能給予信徒庇佑。因此在宗教界也就備受崇敬。

受到崇敬的，還有蘇東坡與四川眉州人們口中的「豬龍」。這個名詞很新鮮！它解釋了兩尾鯉魚是由牝豬化成的泉水所孕育而成的小龍，同時「豬龍」一詞也反映出古人多子多孫的願望。因爲豬和龍都有很強的繁殖能力，因此這兩個字加在一起，對古人而言，就能聯想到「人丁興旺」、「家族隆盛」等等昌明景象。

一想到豬媽媽生下了許多寶寶，那小動物可愛的模樣便浮現在我的眼前。東坡書寫豬母佛與豬龍，既充滿了民間文學的趣味，同時也讓我們看到他內心純潔善良的赤子本色。如今五南出版社規劃了本年度新系列【朱嘉雯經典文學情商課】，隨著第一本新書《蘇東坡：竹杖芒鞋輕勝馬，笑看人生的大文豪》的出版，我希望將蘇東坡美好的人格品質，傳遞給每一位美好的讀者。

目錄

第二單元　以快樂爲名

第三單元　以王道而行 117

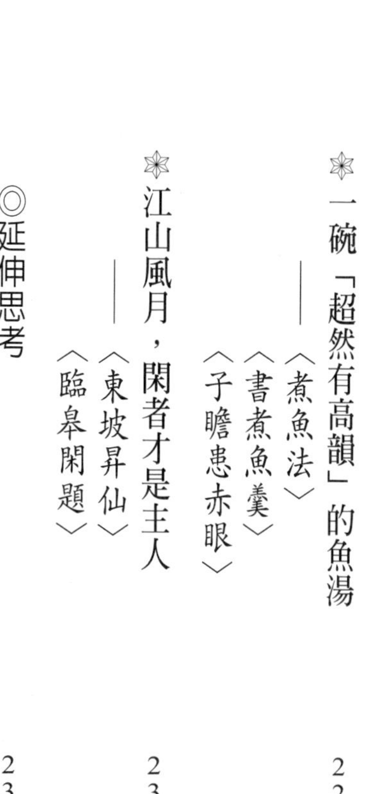

第一單元／文人之夢

東坡夢——前、後赤壁賦

文人都愛做夢，莊周有蝴蝶夢、杜甫曾經數度夢李白，那大文豪蘇東坡也有許多夢，有一回他夢見仙氣飄然的道士降臨在他身旁，低頭垂問：「今日重遊赤壁，愜懷嗎？」「該怎麼說呢？」東坡內心自忖：距離上回乘船遊赤壁，雖然僅短短的三個月，卻沒想到大自然已發生了極巨的變化！還記得上回來的時候，一片朦朦朧朧、浩渺寒煙的霧氣籠罩在江面上，使得水與天就這樣融爲一體，而人在雲霧中，已分不清上下天地的界線。那時他們的小船航行於其間，船客們眼前的世界彷彿已回到了太古濛昧混沌之境，而眾人又好像是渺渺茫茫地上升到了仙界，從此不復降臨凡間……。

而如今，舊地重遊。那江流雖也濤濤有聲，可是滿眼見到的卻是峻嶒的怪石與陡峭險峻的千仞斷崖。這反而形成了一種誘惑，它勾引著東坡不斷地攀岩，不停地往高處去尋覓。同時，這山高月小、水落石出的孤獨幽僻之境，還引動了東坡喉嚨裡的高音線。他忍不住引吭長嘯，從而震動了草木山川。頃刻間，四周充滿了回音，彷彿一支無形的合唱團，與東坡共訴衷腸。將烏臺詩案以來，所有的委屈，世間的不平，生而爲人的悲哀，都唱了出來！

正是因爲草木山川與他同悲，東坡也心生恐懼了！自然界怎能有如此的感應？怎會這般與他心靈相通、發生共鳴？眼前這山川、這怪石、這岩壁，它們究竟是什麼？如何能夠這樣理解蘇東坡？他眞的害怕了，於是一路狂奔下山，不敢再回頭。

也許最好的遊覽方式，還是像上次那樣吧，登上小舟，把自己當作一葉極渺小的浮萍，任由水流漂蕩而去，不在乎今後的方向……。

然而就在他登舟回望之際，一隻翅膀遮天的大鶴竟迅雷般撲面而來！東坡悚然而驚！但是他沒有醒來，因爲這不是夢，雖然他不知道大鶴是從何處突然冒出來的，然而這確乎是一個眞而又眞的實境。不久之後，他看到一位溫藹可親的長者，彷彿安慰似地詢問道：「赤壁之遊樂乎？」他卻突然醒來！原來這個才是夢。

文人的夢，眞與一般人迥異，他們生活在現實的邊緣，往往只差一步，即沉淪在夢境的深淵。於是文人將不可理喻的現象寫成了眞實的生活；卻又將那家常歲月裡平凡的人情，譜成了奇幻的敘事。

故事結束時，東坡終於明白了，其實大鶴就是老道士，老道士就是那隻大鶴。因此夢境就是眞實，而眞實的世界，也不過就是一場夢……。

前赤壁賦

壬戌之秋，七月既望，蘇子與客泛舟遊於赤壁之下。清風徐來，水波不興。舉酒屬客，誦明月之詩，歌窈窕之章。少焉，月出於東山之上，徘徊於斗牛之間。白露橫江，水光接天。縱一葦之所如，凌萬頃之茫然。浩浩乎如馮虛御風，而不知其所止；飄飄乎如遺世獨立，羽化而登仙。

於是飲酒樂甚，扣舷而歌之。歌曰：「桂棹兮蘭槳，擊空明兮溯流光。渺渺兮予懷，望美人兮天一方。」客有吹洞簫者，倚歌而和之。其聲嗚嗚然，如怨如慕，如泣如訴；餘音嫋嫋，不絕如縷。舞幽壑之潛蛟，泣孤舟之嫠婦。

蘇子愀然，正襟危坐，而問客曰：「何為其然也？」客曰：「『月明星稀，烏鵲南飛』，此非曹孟德之詩乎？西望夏口，東望武昌，山川相繆，鬱乎蒼蒼，此非孟德之困於周郎者乎？方其破荊州，下江陵，順流而東也，舳艫千里，旌旗蔽空，釃酒臨江，橫槊賦詩，固一世之雄也，而今安在哉？況吾與子漁樵於江渚之上，侶魚蝦而友麋鹿，駕一葉之扁舟，舉匏樽以相屬。寄蜉蝣於天地，渺滄海之一粟。哀吾生之須臾，羨長江之無窮。挾飛仙以遨遊，抱明月而長終。知不可乎驟得，託遺響於悲風。」

蘇子曰：「客亦知夫水與月乎？逝者如斯，而未嘗往也；盈虛者如彼，而卒莫消長也。蓋將自其變者而觀之，則天地曾不能以一瞬；自其不變者而觀之，則物與我皆無盡也，而又何羨乎！且夫天地之間，物各有主，苟非吾之所有，雖一毫而莫取。惟江上之清風，與山間之明月，耳得之而為聲，目遇之而成色，取之無禁，用之不竭。是造物者之無盡藏也，而吾與子之所共適。」（共適，一作共食）

客喜而笑，洗盞更酌。餚核既盡，杯盤狼籍。相與枕藉乎舟中，不知東方之既白。

後赤壁賦

是歲十月之望，步自雪堂，將歸於臨皋。二客從予過黃泥之阪。霜露既降，木葉盡脫，人影在地，仰見明月，顧而樂之，行歌相答。已而嘆曰：「有客無酒，有酒無餚，月白風清，如此良夜何！」客曰：「今者薄暮，舉網得魚，巨口細鱗，狀如松江之鱸。顧安所得酒乎？」歸而謀諸婦。婦曰：「我有斗酒，藏之久矣，以待子不時之需。」

於是攜酒與魚，復遊於赤壁之下。江流有聲，斷岸千尺；山高月小，水落石出。曾日月之幾何，而江山不可復識矣。予乃攝衣而上，履巉巖，披蒙茸，踞虎豹，登虯龍，攀棲鶻之危巢，俯馮夷之幽宮。蓋二客不能從焉。劃然長嘯，草木震動，山鳴谷應，風起水涌。予亦悄然而悲，肅然而恐，凜乎其不可留也。反而登舟，放乎中流，聽其所止而休焉。時夜將半，四顧寂寥。適有孤鶴，橫江東來。翅如車輪，玄裳縞衣，戛然長鳴，掠予舟而西也。

須臾客去，予亦就睡。夢一道士，羽衣蹁躚，過臨皋之下，揖予而言曰：「赤壁之遊樂乎？」問其姓名，俯而不答。「嗚呼！噫嘻！我知之矣。疇昔之夜，飛鳴而過我者，非子也邪？」道士顧笑，予亦驚寤。開戶視之，不見其處。

烏臺詩案始作俑者：沈括——〈湖州謝上表〉

「柏臺霜氣夜淒淒，風動琅璫月向低。」蘇軾坐在監獄裡，感覺到一陣陣陰森森的冷風從四面襲來。在可怖的寂靜之夜，耳中只聽見鐵鏈和鐵鎖撞擊之聲。他想像著自己面對劊子手的那一幕，頓時非常思念孩子們，也深感對不起老妻。

宋朝最大規模的一場文字獄，就這樣以蘇軾爲核心，牽連甚廣地爆發開來！一共有蘇軾的三十多位親朋好友遭到波及，他們被貶謫的貶謫，流放的流放，景況淒慘！那麼究竟是怎樣的「文字」，能夠興起這樣強烈的軒然大波？蘇軾對於新黨激進的改革頗爲反感，這是眾所周知的。因此他前有上奏，即所謂〈上神宗萬言書〉，中間又寫了一些詩來抒發自己的觀感與情緒，最後使他身陷囹圄的一篇文章便是〈湖州謝上表〉。正是這篇文章一出，御史臺的變法派官員們，便群起而攻之，非咬死他不可！

平心而論，我自己覺得他這篇文章寫得表面看來很謙恭，語氣也相當平和，也許在思想的暗潮中，還存在著一點點的埋怨，但如果我是御史臺的官員，恐怕絞盡腦汁也找不出破綻來陷害他。然而這也正是「欲加之罪，何患無辭」的恐怖之處！

〈湖州謝上表〉就如同蘇軾的其他文章一樣，文采斐然！我曾經對照過他與曾鞏的文章，特別是科舉考試的那一篇〈論刑賞〉，因為兩人都寫同樣的題目，若是連舉出來的例證與謀篇立論也出入不大，那麼接下來可比高下的就是文藻和詞章了。在文學這個部分，蘇軾遠遠地超過了與他同時代的那些大進士們。

像〈湖州謝上表〉這樣的文章，本來就屬於例行公事。官員調任之後，都要上表謝皇恩。所以蘇軾先說：他已到任，湖州是個物阜民豐、山清水秀的好地方，他能來這裡任職，都是官家厚愛，若是單憑他自己的才能，是不配擁有這樣好環境的。那麼他到底有多麼無能呢？他自己說：「臣軾中謝。伏念臣性資頑鄙，名跡堙微。議論闊疏，文學淺陋。凡人必有一得，而臣獨無寸長。荷先帝之誤恩，擢置三館；蒙陛下之過聽，付以兩州……。」如此駢麗的文句，如果改成大白話，那就沒什麼意思了！我們要欣賞的就是他那四六字對仗結構的藝術形式，語意委婉、辭藻典雅，更兼音韻協調，使文章很具有音樂性的美感！

蘇軾說他自己性情和資質都很鄙陋，名聲與政績也都很不顯著。所發議論既迂腐又粗疏，而且學問和知識都非常淺陋。每個人都有一技之長，獨獨我沒有任何長處。可是卻受到先帝的提拔，曾經讓我任職於史館、昭文館、集賢院，如今又承蒙陛下的信任，先後讓我管理杭州與湖州……。其實蘇軾眞正寫出對自我的認識，是在下面的幾句話：「知其愚不適時，難以追陪新進；察其老不生事，或能牧養小民。而臣頃在錢塘，樂其風土。魚鳥之性，既能自得於江湖。」我也知道自己不合時宜了，很難追得上新進同仁的腳步。官家也一定是體察我年紀衰老以至於不會生什麼事端，唯一能做的事情大概就是擔任地方官吧，所以讓我來到湖州。剛好我的性情也與江南的風土相投合，我就喜歡像大自然的魚和鳥一般自在地悠遊於江湖之中。

蘇軾自己說得適情適性，怎奈有心人並不作如是觀。而第一個居心叵測的人，大家可能想都想不到！這個人竟然是宋代鼎鼎大名的科學家沈括。沈括因著《夢溪筆談》而名揚千古。這部筆記體的內容包含：天文、數學、化學、水利、軍事、環保、物理、地理、醫藥等領域，同時沈括在考古學方面，還發現了恐龍化石，並且在軍事上開始提煉石油作爲武器。此外，他也在美術與音樂等方面有所實驗與探究。因此《夢溪筆談》堪稱是中國科技史上不可多得的瑰寶。

這樣一個大科學家，竟然甘心淪爲政治打手！而後面上來的李定、何正臣、舒亶、李宜等御史臺官員，還都是受到沈括的啓發，才領悟到整肅蘇軾的方法。

沈括利用檢查杭州水利、巡視新政的機會，刻意接近蘇軾，原來他們曾經在史館共事過，沈括裝作與他友好，然後趁機將蘇軾的詩一一抄錄下來，回到汴京之後，再一首一首地推敲，從一百多首詩詞中，穿鑿附會、斷章取義，刻意解讀成對皇帝大不敬的意思，然後敬呈宋神宗。其中最爲人熟知的例子是〈王復秀才所居雙檜二首〉。蘇軾說樹大根深的檜樹：「凜然相對敢相欺，直幹凌空未要奇。根到九泉無曲處，世間惟有蟄龍知。」沈括硬是要將後兩句解釋成：蘇軾大逆不道！他要往九泉之下尋蟄龍，而不顧皇帝本身乃如飛龍在天，其不臣之心，昭然若揭！

其實蘇軾寫這組詩的涵意，完全不像沈括說的那樣，它是有個背景的。當初蘇軾在杭州做通判的時候，本地有個讀書人叫王復，據說才學很高，但是不願應科舉而從政，卻很樂意行醫救人，也喜歡從事園圃農藝，和他交往的人都是地方上的賢士。因此蘇軾也很樂意去看他，又發現他的庭院裡有兩株檜樹，姿態古老而蒼勁，很有耿介不屈的意象。詩人因此大發雅興，寫下了〈王復秀才所居雙檜二首〉。

他寫王復庭中的雙檜高高聳立而互相對應，就像兩個人互相敬重一般，他們彼此都知道對方直衝凌霄的高度才華，乃是自然而然的發展，並不是什麼標新立異的表現。因此雙檜都具有凌雲恢宏的氣度，並且能屈能伸，它們的根部俱都伸展到了九泉之下，而且已經蜿蜒到了無可再延伸的地步，這恐怕是地面上的人們所看不到的，應該只有潛藏在地底下的蟄龍才知道吧。

這樣的詩，連一般的讀者都知道，作者是藉由雙檜來寄託自己的志向與性格，同時也在讚美樹木的主人昂藏不屈的精神品貌。而且每個人的性情中，也都有旁人見不到的一面，那大概就只有地下的神明可鑒了。如此說來，蘇軾寫這首詩，又不免得有些感嘆和遺憾了。但是很可惜，沈括這個人卻刻意扭曲了蘇軾的詩，他不僅斷章取義，而且惡意中傷！曠世的大科學家陷害忠良的醜聞曾記載於南宋初期王銍的《元祐補錄》。而宋神宗當初沒有採信沈括的上疏，可見官家也覺得沈括說得實在太牽強！

然而沈括這一舉措，卻給了監查百官的御史臺官員們很大的靈感！他們紛紛在〈湖州謝上表〉之後做文章，指責蘇軾「愚弄朝廷，妄自尊大」，因此紛紛彈劾蘇軾，說他「訕上」、「論如大不恭」，而且處處譏諷新法，包括：青苗法、助役法、興水法、明法科、禁鹽等等。這就踩著了神宗的痛處，於是大興文字獄。

沈括作為中國古代少見的科學巨匠，他的名字甚至進入了正史，《宋史．沈括傳》：「博學善文，於天文、方志、律曆、音樂、醫藥、卜算無所不通，皆有所論著」。這樣一個博學之人，為了仕途，竟然不惜陷害他人。當他將自己做的筆記呈給王安石看，王安石看著沈括這樣尋章摘句地誣蔑蘇軾，也不由得嘆氣，說：「沈括是小人。」

沈括與王復可謂對照組，王復灑脫高潔，千古以後仍活在蘇軾的詩中；而沈括既有《夢溪筆談》讓後世感到驕傲，卻同時因其羅織人入罪的行徑，又令我們深感失望與不齒。

附錄原文

湖州謝上表

臣軾言。蒙恩就移前件差遣，已於今月二十日到任上訖者。風俗阜安，在東南號為無事；山水清遠，本朝廷所以優賢。顧惟何人，亦與茲選。臣軾中謝。伏念臣性資頑鄙，名跡堙微。議論闊疏，文學淺陋。凡人必有一得，而臣獨無寸長。荷先帝之誤恩，擢置三館；蒙陛下之過聽，付以兩州。非不欲痛自激昂，少酬恩造。而才分所局，有過無功；法令具存，雖勤何補。罪固多矣，臣猶知之。夫何越次之名邦，更許藉資而顯受。顧惟無狀，豈不知恩。此蓋伏遇皇帝陛下，天覆群生，海涵萬族。用人不求其備，嘉善而矜不能。知其愚不適時，難以追陪新進；察其老不生事，或能牧養小民。而臣頃在錢塘，樂其風土。魚鳥之性，既能自得於江湖；吳越之人，亦安臣之教令。敢不奉法勤職，息訟平刑。上以廣朝廷之仁，下以慰父老之望。臣無任。

王復秀才所居雙檜二首

其一

吳王池館遍重城，奇草幽花不記名。
青蓋一歸無覓處，只留雙檜待昇平。

其二

凜然相對敢相欺，直幹凌空未要奇。
根到九泉無曲處，世間惟有蟄龍知。

飛揚的塵土．潑濺的鮮血

——〈荔枝嘆〉

遠在唐代，每到初夏時節，一波又一波急如星火的馬匹，揚起沙塵，高速地奔馳，越過無數田陌，電掣山谷，然而就在一個閃失下，馬失前蹄，人畜交疊，當場血濺五步！可是路人卻都見怪不怪，也司空見慣。因爲他們知道，這又是運送荔枝的驛馬闖了禍。

假若人馬幸運，如鷹隼過海一般，越過崇山峻嶺，平安抵達長安宮廷，那麼清翠嫩綠猶帶露珠的枝葉，將襯托出艷紅果實如當下現採一般的豐嫩多汁。蘇軾回眸漢、唐兩代，千里遞送荔枝的景況，眼前頓時出現了逸樂與凶險疊影的畫面：「宮中美人一破顏，驚塵濺血流千載。」

荔枝是多麼可愛的南方水果，然而千載以降，卻與無辜的亡魂，以及他們熱突突的鮮血，糾纏不清！從漢和帝永元年間到唐玄宗天寶時期，運送荔枝早已成爲一部驛站迢遞的傷心史，而且還納入了正史。《新唐書》記載：「玄宗貴妃楊氏。妃嗜荔枝，必欲生致之，乃置騎傳送，走數千里，味未變至京師。」除了史家的記述，亦有文人的描寫：晚唐杜牧的七絕、清初洪昇的大戲，也都在傳送荔枝這一段故事上大做文章。

既然如此，蘇東坡何必要重複敘事？難道他意有所指？是的，他要罵人！「君不見，武夷溪邊粟粒芽，前丁後蔡相寵加。爭新買寵各出意，今年鬥品充官茶。」福建武夷山自古產好茶，從兩漢一直到明清，但世人可知？將武夷山茶炒作到天價地位的就是蘇軾在詩裡點名抨擊的丁謂與蔡襄。

他們在北宋初年擔任福建轉運使，爲了進貢，特別製造出所謂的「龍團鳳餅」，從此推出了一個新興品牌——建茶。而建茶系列中的熱門產品，就是丁謂所研發出來的精緻小團茶。至於蔡襄，乃是北宋的大書法家，也是一位茶事專家，他的專書名爲《茶錄》。爲了製造名牌效應，這些奉承皇帝的大臣們，每年舉辦茶葉大賽，美其名爲「茗戰」，將比賽出來的冠軍茶稱做「鬥品」，以此獻給皇家。蘇軾爲此風氣感到不以爲然，於是順便連皇帝也訓斥一番：「皇上難道還缺這點東西嗎？平常吃得還不夠好嗎？」

最後他要罵的人，竟是提拔過歐陽修的一位大才子。「洛陽相君忠孝家，可憐亦進姚黃花。」這位洛陽相君就是在文學史上有名的西崑體詩人錢惟演。此人來頭很大！他是吳越國主錢俶的兒子，這個國家擁有杭州西湖，亡國之前還興建了雷峰塔，可是卻在錢惟演一歲的時候，舉國投降了宋朝，因此搬遷至汴京。趙匡胤同時亦收服了南唐、南漢與北漢。

錢惟演非常愛讀書，他說：「平生惟好讀書，坐則讀經史，臥則讀小說，上廁則閱小詞，蓋未嘗頃刻釋卷也。」因此他不僅學問很好，文章寫得更好！爲皇帝起草召命，揮筆而就，是故深得宋眞宗的信任。不過，可能是因爲他的父親與南唐李後主的遭遇一模一樣，都是被賜酒毒死的，所以錢惟演一生都很沒有安全感。他不斷地結交權貴，對皇室也巴結逢迎到了無所不用其極的地步，因此品行與官聲都不佳。然而他的詩文卻是一流的，而且還一手提拔了日後對蘇軾有恩的歐陽修。

錢惟演任西京留守時，曾經熱絡地與他的下屬歐陽修往來。當時有人勸告錢惟演：「歐陽修這個人恐怕品行不端。」但是錢惟演並沒有放在心上，仍然與歐陽修交遊。他們喜歡一起飲酒，也酷愛談論詩文。有一回在歡場中，一名官妓對錢惟演撒嬌，說自己午睡起來就掉了髮簪。錢惟演看著歐陽修說，如果你肯即席作一首詩，我就送出一支金簪。歐陽修二話不說立刻吟詩一首。因此那天晚上，官妓得到了一支金簪。可見歐陽修年輕的時候在洛陽追隨文壇主將錢惟演，也曾經留下不少風流浪蕩的事蹟。

因爲錢俶降宋，當時宋太宗稱讚他「以忠孝而保社稷」，因此蘇軾在詩中稱錢惟演「忠孝家」。然而他也像先前的丁謂與蔡襄，一味炒作當地的物產，只求獻給帝王之後，能得到一點青睞。他留守西京洛陽時，進獻了牡丹花裡的名貴品種——姚黃。因此他也立下了洛陽必須年年進貢牡丹的慣例。所謂「牡丹乃花中之王」，而姚黃又是牡丹花中四大名品之首。這些排名，其實也都是人爲操作的，目的是爲了攀附奉承，好讓自己升官晉爵。錢惟演這般的操守品行，爲蘇軾所不齒。而這樣的官場風氣，也是蘇軾希望能夠極力廓清的。

原來世上不是只有荔枝沾染了官場習氣，各地的風土名產都很有可能被有心人操作而成爲送禮文化的一環。往後我們在品嚐武夷山茶與欣賞洛陽牡丹時，可能需要多一分警醒，因爲我們知道這些物產之所以具有高度的名氣，其背後都是有原因的。

荔枝嘆

十里一置飛塵灰，五里一堠兵火催。
顛坑仆谷相枕藉，知是荔枝龍眼來。
飛車跨山鶻橫海，風枝露葉如新採。
宮中美人一破顏，驚塵濺血流千載。
永元荔枝來交州，天寶歲貢取之涪。
至今欲食林甫肉，無人舉觴酹伯游。
我願天公憐赤子，莫生尤物為瘡痏。
雨順風調百穀登，民不飢寒為上瑞。
君不見，武夷溪邊粟粒芽，前丁後蔡相寵加。
爭新買寵各出意，今年鬥品充官茶。
吾君所乏豈此物，致養口體何陋耶？
洛陽相君忠孝家，可憐亦進姚黃花。

執政者的理想——〈刑賞忠厚之至論〉

一個時代的社會風氣以及政治思想氛圍，該如何掌握？有個方法，就是參考當時的國家考試作文題目。例如：我們去年公職人員普通考試的試題是希望考生就自己所知，詳述臺澎金馬各地值得推薦的飲食經驗與難忘的滋味。其寫作的目的是為了展現臺灣飲食文化的軟實力。至於同年的高等考試作文題目則是以「我的家鄉教我的事」為題，詳述自身生長環境的自然與人文特色，並陳述家鄉所帶給自己的影響。

國家考試作文題目很明顯地讓我們看出了這個時代的政治氣候。大家如果有興趣，也可以往前追溯，看看新世紀以前，公務員都寫過哪些作文題目，甚至於還能想起我們自己小時候寫作文時必須附帶的政治口號與結語。於是不得不心生感嘆：人畢竟是活在政治場域中，任誰也無法逃脫。

既然如此，讓我們來回顧當年僅僅二十一歲的蘇軾，在北宋進士科場上的試題又是什麼呢？一旦看到這個考題，大家就會發現那個時期的政治訴求和我們今天這個時代的社會風氣，確實存在著很大的差異！原來當年蘇家父子從眉州眉山趕往汴京應考，最終蘇軾與蘇轍雙雙上榜，當時的文章題目是：「刑賞忠厚之至論」。這是什麼意思呢？刑，就是處罰；賞，就是獎勵。這兩項就是當時執政者治國的手段。然而重點卻在於主考官要大家發揮「忠厚」的仁愛思想。不僅在懲罰與獎勵之上，都要秉持忠厚的精神，而且務求極度忠厚！所謂「忠厚之至」也。這就是那個時代的政治氛圍，典型的「仁政」思想。而當時君臨天下的皇帝，也就是我們所熟知的宋仁宗。

古往今來的命題作文都一樣，主考官的意向，控制著大家的筆調，相信很少人會朝唱反調的方向去書寫，基本上都是順著考題的意志去發展文章。我們看蘇軾當時破題就寫道：「堯舜禹湯文武成康之際，何其愛民之深，憂民之切……。」上古君王對老百姓就是一個字「愛」。那麼什麼是愛呢？蘇軾提出了一個原則，那是引用古書上的話：「賞疑從與，所以廣恩也；罰疑從去，所以慎刑也。」面對可疑的獎勵對象，那就照樣獎勵，爲的是推廣恩澤。然而若是面對可疑的處罰對象時，可以因爲證據不足，將他從處罰之列移除。

此外，我們寫論說文都要舉出例證，蘇軾指出：「當堯之時，皋陶爲士，將殺人。皋陶曰：『殺之』三；堯曰：『宥之』三。」堯帝時，掌管刑法的皋陶面對一個犯人，三次說該殺，堯帝卻連續三次赦免了他。爾後，四岳建議任用鯀。堯立刻以鯀曾經違抗命令，而且毀謗族人爲理由，不同意他的任用。可是才過了一會兒，堯便說道：「試用一下也可以。」蘇軾在這裡特別問道：「爲什麼堯不聽皋陶的建議，反而接受四岳的任用案呢？」蘇軾隨即引用《尚書》的話，爲我們解答：

「罪疑惟輕，功疑惟重。與其殺不辜，寧失不經。」面對罪行輕重難拿捏的時候，寧可從輕。在某人功勞的大小仍有疑慮之時，那便應從重獎勵。施政者與其錯殺無辜，寧可犯下執法失誤之責。

蘇軾寫到這裡，不由得在文章上嘆了一口氣，「唉！這就是忠厚之至啊！」接著他進一步指陳：在可賞可不賞之間，如果決定要賞，那就是仁；在可罰與可不罰之間，如果決定要罰，那就是不義。執政者可以仁，但是絕不能不義，因爲一個人如果過於仁慈，那麼他還是一位君子；如果他不義，那他就是一個過於殘忍的人了。蘇軾寫這篇文章差點站上了榜首之位，可見當時朝廷希望帶出的風氣，是舉國走向忠厚仁愛之道，而這就是當時宋仁宗朝的政治訴求。

如今重新回顧這一場國家考試，是不是很值得我們現代人好好地省思？

刑賞忠厚之至論

堯舜禹湯文武成康之際，何其愛民之深，憂民之切，而待天下之以君子長者之道也。有一善，從而賞之，又從而詠歌嗟嘆之，所以樂其始而勉其終；有一不善，從而罰之，又從而哀矜懲創之，所以棄其舊而開其新。故其吁俞之聲，歡休慘戚，見於虞夏商周之書。

成康既沒，穆王立而周道始衰，然猶命其臣呂侯，而告之以祥刑。其言憂而不傷，威而不怒，慈愛而能斷，惻然有哀憐無辜之心，故孔子猶有取焉。《傳》曰：「賞疑從與，所以廣恩也；罰疑從去，所以慎刑也。」

當堯之時，皋陶為士，將殺人。皋陶曰：「殺之」三；堯曰：「宥之」三。故天下畏皋陶執法之堅，而樂堯用刑之寬。四岳曰：「鯀可用。」堯曰：「不可。鯀方命圮族。」既而曰：「試之。」何堯之不聽皋陶之殺人，而從四岳之用鯀也？然則聖人之意，蓋亦可見矣。《書》曰：「罪疑惟輕，功疑惟重。與其殺不辜，寧失不經。」嗚呼！盡之矣。

可以賞，可以無賞，賞之過乎仁；可以罰，可以無罰，罰之過乎義。過乎仁，不失為君子；過乎義，則流而入於忍人。故仁可過也，義不可過也。古者賞不以爵祿，刑不以刀鋸。賞以爵祿，是賞之道，行於爵祿之所加，而不行於爵祿之所不加也；刑以刀鋸，是刑之威施於刀鋸之所及，而不施於刀鋸之所不及也。先王知天下之善不勝賞，而爵祿不足以勸也；知天下之惡不勝刑，而刀鋸不足以裁也。是故疑則舉而歸之於仁，以君子長者之道待天下，使天下相率而歸於君子長者之道。故曰：「忠厚之至也。」

《詩》曰：「君子如祉，亂庶遄已」，「君子如怒，亂庶遄沮」。夫君子之已亂，豈有異術哉？時其喜怒，而無失乎仁而已矣。《春秋》之義，立法貴嚴，而責人貴寬，因其褒貶之義以制賞罰，亦忠厚之至也。

第一個老闆——〈凌虛臺記〉

我們每個人在學校畢業之後，踏入社會，都會有第一份工作。而此時帶領我們的第一位老闆，對我們的影響，將會是深遠的。有些老闆不厭其煩，循循善誘；另有些人則是疾言厲色，或是頤指氣使。無論他們的領導風格如何，在我們初出茅廬，摸索前行的道路上，他們總是指引我們前進的一盞明燈。就算當時在他的麾下受了委屈，感到無窮的壓力與煩惱，然在時隔數十年之後，再回想起來，也只有萬分的感謝，感謝他給我們氣受，感謝他讓我們承擔使命，督促著大家向前行，使我們在職場上累積更多的經驗和抗壓能力。

蘇軾的第一位老闆名叫陳希亮，他一開始就對蘇軾非常不友善！這位知府大人總是板著一張臉，從來不笑，日常與同事們相處，簡直沒有一點幽默感，可以說是一個很難相處的人。蘇軾的性格跟他剛好相反，他好與人爲善，也很風趣，經常喜歡開開玩笑。當他來到鳳翔府擔任簽書判官時，那可是頂著頂尖優秀人才的光環走進大辦公廳的。因爲他在進士科考試時取得了全國第二名的成績，而事實上這是因爲主考官歐陽修誤以爲這麼優秀的一份答卷是自己的學生曾鞏寫的，因此不敢給他第一名。後來蘇軾回家鄉爲母親奔喪守孝，再次到京城參與制科考試時，就正式得到全國第一名的頭銜了。所以，蘇軾就是戴著這雙料冠軍的光環走進鳳翔府的。那一年，他二十五歲。

因爲他所參加的制科考試，其科名爲「賢良方正能直言極諫者」，因此得到第一名的蘇軾，很快地便有人巴結地稱他爲「蘇賢良」。有一天，剛好有一個小吏在陳希亮大人的面前這麼稱呼蘇軾，結果這個小吏就被拖出去打鞭子了！因爲陳大人看不慣一個人年紀輕輕就被捧上了天，於是要給他一點挫折，讓他體會世道艱難。

不過，二十啷噹的蘇軾還不能體會這些。他只是覺得知府大人是故意給他難看，這就算結下了梁子。之後，蘇軾入府想見陳希亮，而陳大人似乎總是故意讓他空等，使得蘇軾左等右等，都等不到人，他形容自己像一株枯樹那樣乾坐了許久。這一次的情況，也是夠難看的。再之後，陳大人於自己家中擺宴，宴客名單包含了絕大部分的同事，就是單單沒有蘇軾。最後，到了中元節，在北宋官場上有個慣例，這一天上司要和下屬們聚一聚，談論公事也好，關心大家的生活也好，總之，每一個人都要到場。但蘇軾實在是氣不過，因此率性地缺席了。不久之後，他爲這次的違抗命令付出的代價是「罰銅八千」。可憐一個小伙子，剛出來工作，薪水不知道領了沒？就先被罰了一筆錢。於是他和他的第一個老闆漸漸地勢同水火。

蘇軾槓上陳希亮最白熱化的那一場擂臺，就是他著手寫下著名的文章〈凌虛臺記〉。只不過這場較勁，只有蘇軾一個人揮拳，陳大人竟然不還手。這是怎麼回事呢？原來當時陳希亮在後花園建了一座高臺，因爲站在臺上視野極好！清風吹來，使人頓感心曠神怡！既然感受到凌駕在雲霄之上的快意，他索性將這高臺取名爲「凌虛臺」，然後命幕僚群中文筆最好的蘇軾寫一篇〈凌虛臺記〉。

蘇軾得到這個任務，感到很快意！他是個下筆如有神的人，這會兒更是想怎麼罵，就可以怎麼罵了。因爲文人是罵人不帶髒字兒的。委曲婉轉之中，便能讓對手深受內傷！他的文章，是這樣寫的，因爲當時鳳翔府的管轄範圍相當大，包括了今天寶雞、鳳翔、岐山、扶風、眉縣、麟遊、周至一帶。所以蘇軾一開頭就說：在我們這一區最高的山就是終南山，但能夠眺望終南山的地方在扶風，不在太守辦公這兒。爲了能夠遠眺終南山的景致，太守於是興建了這座高臺。

其實人世間的興衰起落是很難講的。例如：現在我們腳下所站的這地方，從前可是荒煙蔓草，古人可曾想得到，將來會有一座凌虛臺建在這兒？而我們現在的人又怎麼會知道將來這座高臺不會被打回原形，使得此處又回到荒煙蔓草一片？以上這一段話，已經算是潑了陳大人一盆冷水。接下來蘇軾更進一步地說道：「嘗試與公登臺而望，其東則秦穆之祈年、橐泉也，其南則漢武之長楊、五柞，而其北則隋之仁壽，唐之九成也。」原來在這座凌虛臺的東、南、北三面，曾經各有秦穆公、漢武帝，以及隋、唐時代的宮殿建築群。而這些宏偉華麗的建築在當時可謂「計其一時之盛，宏傑詭麗」，要說這些建築群的堅固和不可動搖，自然是超過凌虛臺數百倍的。然而可嘆的是，幾百年之後，我們只想看個大致的模樣，竟然連一點破瓦頹垣都找不到了。

蘇軾言下之意：太守的這座高臺，不一定能撐多久！然而他下筆更狠的是：「連一座高臺都不可能長久，那麼人呢？自然更是匆匆的過客。」蘇軾此刻筆勢一瀉千里，不吐不快，繼續說道：「因此如果有人想要藉此高臺來誇耀自己，那根本就是想錯了，人世間是有永恆的事物，但是與這座高臺，絕對無關。」

面對蘇軾的冷嘲熱諷，陳希亮不慍不火，而且一字不改，都刻在了石碑上。因此這一場擂臺，彷彿是蘇軾卯足了勁兒，卻揮了空拳，因爲絲毫沒有打著對手。這對手的穩健老成，我們從中可以想見。

許久許久之後，蘇軾吃了生平第一次大虧！在烏臺坐了一百多天的苦牢之後，被貶黃州。在黃州的蘇軾是一名犯官，一個罪人，沒有人敢與他靠近。這時在他生命中出現了一個人——陳慥，他就是陳希亮的兒子。蘇軾與他意氣相投，惺惺相惜，在貶謫的苦難歲月裡，沒想到竟然獲得了人生最重要的知己。然而，也是在此時，蘇軾得知陳希亮過世了。經歷了宦海浮沉，明白了世道艱辛，蘇軾終於懂得陳希亮當年打壓他銳氣的苦心。只是一切爲時已晚，他來不及對他生命中第一個老闆說聲抱歉……。

所幸文人還能寫，蘇軾因此寫下一篇〈陳公弼記〉，來追憶當年他在第一份工作中，與陳大人之間的點點滴滴。蘇軾這一生，很少爲人寫傳記，他能寫下這一篇文字，可見中年以後的蘇軾終於領悟了，在他人生中的第一位老闆，曾經給予他多麼寶貴的無言的教導。

凌虛臺記

國於南山之下，宜若起居飲食與山接也。四方之山，莫高於終南；而都邑之麗山者，莫近於扶風。以至近求最高，其勢必得。而太守之居，未嘗知有山焉。雖非事之所以損益，而物理有不當然者。此凌虛之所為築也。

方其未築也，太守陳公杖履逍遙於其下。見山之出於林木之上者，累累如人之旅行於牆外而見其髻也。曰：「是必有異。」使工鑿其前為方池，以其土築臺，高出於屋之檐而止。然後人之至於其上者，恍然不知臺之高，而以為山之踴躍奮迅而出也。公曰：「是宜名凌虛。」以告其從事蘇軾，而求文以為記。

軾復於公曰：「物之廢興成毀，不可得而知也。昔者荒草野田，霜露之所蒙翳，狐虺之所竄伏。方是時，豈知有凌虛臺耶？廢興成毀，相尋於無窮，則臺之復為荒草野田，皆不可知也。嘗試與公登臺而望，其東則秦穆之祈年、橐泉也，其南則漢武之長楊、五柞，而其北則隋之仁壽，唐之九成也。計其一時之盛，宏傑詭麗，堅固而不可動者，豈特百倍於臺而已哉？然而數世之後，欲求其彷彿，而破瓦頹垣，無復存者，既已化為禾黍荊棘丘墟隴畝矣，而況於此臺歟！夫臺猶不足恃以長久，而況於人事之得喪，忽往而忽來者歟！而或者欲以誇世而自足，則過矣。蓋世有足恃者，而不在乎臺之存亡也。」既以言於公，退而為之記。

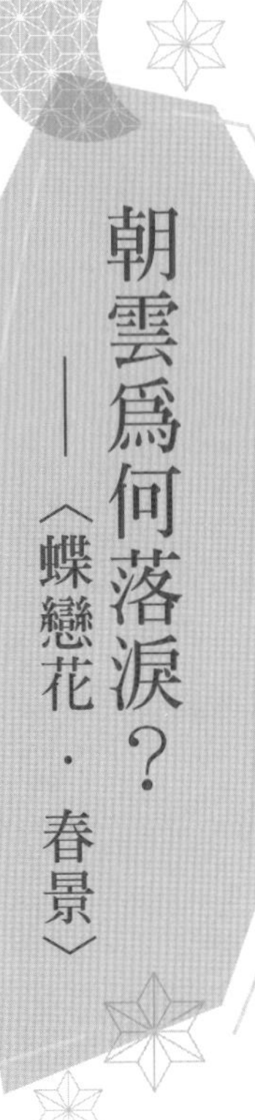

朝雲爲何落淚？——〈蝶戀花・春景〉

雖說人間四時好風景，不過每到花開時節，還是最令人欣喜的。然而，有花開，就有花落，半點不由人。古典詩詞裡，寫落花的篇章就像樹上正在飄謝的花瓣雨，那樣紛紛灑灑，數也數不清！「林花謝了春紅，太匆匆！」、「落花流水春去也，天上人間！」、「惜春長怕花開早，何況落紅無數……」這些詞句無論怎麼寫，都會帶有感傷和悽惻的情調。

但是蘇東坡不同。他的詞也寫落花，卻帶有一點小小的欣喜感！我們看〈蝶戀花・春景〉裡開頭第一句：「花褪殘紅青杏小」，花朵雖然殘敗凋零了，可那枝頭上卻也同時冒出了小小的可愛果實。爲人間帶來了新生的希望。我想這就是蘇東坡文學思想中最可貴的一面，他眼中的世界和其他詞家不同，別人看到的是百花凋零的殘景；他卻看到了新生命的喜悅。特別是在他人生不斷遭遇挫折和坎坷的狀況下，他還能這樣樂觀光明地思考，因而使得他的落花意象展現了突破性的書寫。

接下來他捕捉到一個動態世界的美感，透過一隻小燕子的帶領，讓我們在一瞬間靈巧而又迅速地穿過一座靜謐安逸之中，顯著人間煙火氣息的小村落，最後將鏡頭落在了柳枝上。他忽然發現在春風的吹拂下，枝頭上的柳絮隨風飛揚，飄散，漸行漸遠，終於消失在遠方了。但是不用擔心，因爲不久之後，天之涯，海之角，一定又會再生長出連綿不盡的芳草。「枝上柳綿吹又少。天涯何處無芳草！」他的語氣簡直有點歡欣鼓舞！

在這美好的春天，最好是能看著少女盪鞦韆。因爲天氣和暖了，閨中女兒便踏出戶外遊戲玩耍。她們的笑聲，如銀鈴般清脆悅耳，尤其是鞦韆盪得越高，她們就笑得越開懷，越動人！竟惹得牆外聽見的人都不由得跟著心花怒放起來！就想多眺望眺望那牆裡鞦韆盪得好高的女孩兒，然後一顆心啊，也隨她飛上了天。只可惜，怎麼就一會兒，那帶有春天質感的多情女兒，天眞歡樂的笑聲便停歇了。這使得牆外的行人那一顆原本悸動的心，頓時之間沒地方放了。都怪春天不好，害得我們妄自多情了！

〈蝶戀花．春景〉是多麼美的一首愛戀春天的歌，蘇東坡寫得這樣興高采烈，使讀者們都感覺到他擁抱生命的熱情。可是，東坡的侍妾朝雲卻哭了！而且只開口唱兩句，便悲從中來，淚溼衣襟，蘇軾一時間竟不能理解她了。然而朝雲哽咽中，只能說：「奴所不能歌者，唯『枝上柳綿吹又少，天涯何處無芳草』也。」爲什麼這兩句如此樂觀和正面思考的話，會讓朝雲悲泣不已？原來「天涯何處無芳草」這個句子是有典故的。典故出自屈原〈離騷〉：「何所獨無芳草兮，爾何懷乎故宇。」蘇軾一生被貶黃州、惠州、儋州，見棄於神宗，那種不被信任而且遠遠地被貶斥在外的痛苦感受，與屈原當年的處境若合符節。那時占卜的巫師便曾勸過屈原：「天涯哪裡沒有芳草？你爲什麼一定要執著於自己的故國呢？」這句話讓蘇軾很受震動！當他寫下這首〈蝶戀花〉的時候，已經歷經了歲月的波折，又被貶到萬里之外的嶺南。此時故鄉已是天涯。他是不是應該要像隨風飛揚的柳絮那般，任憑命運，東西飄零？對於廟堂之上的君王，還應該有所期待嗎？

我們終於發現，那枝頭上落下來，越飛越遠，輕飄飄沒有著落的柳綿，原來就是東坡的自我隱喻。而此事唯有朝雲懂得，她能解開東坡詩詞裡的密碼，知道東坡雖自比屈原，卻多了一分豁達，因此能夠隨遇而安，就算心頭再苦，他也能找出讓自己和家人快樂的方法。只是作爲侍妾，如此深愛著丈夫的侍妾，她能不心疼嗎？

蝶戀花・春景

花褪殘紅青杏小。
燕子飛時，綠水人家繞。
枝上柳綿吹又少。
天涯何處無芳草！
牆裡鞦韆牆外道。
牆外行人，牆裡佳人笑。
笑漸不聞聲漸悄。
多情卻被無情惱。

無情的春天——〈寒食帖〉

今年春天雨水多，幾乎天天有雨，所幸我們還能守住自己堅固又溫暖的家園。而且剛過完年，所有吃的用的一應不缺，在家上網也能處理所有的事務。因此現代人堪稱是幸福的。

可是將近一千年前的一個春天，也是個多雨的時節，因爲天天下雨，蘇東坡便告訴我們，他有多不快樂，甚至於到了心如死灰的地步！如此憂鬱，讓我們有點不能相信，那位我們所熟悉的樂天主義者，也會有到了想哭都哭不出來的時候嗎？那個歡歡喜喜做東坡肉，興致昂然整治西湖，在嶺南大啖荔枝，曾經發誓死也要吃河豚，與佛教宗師往來談笑，於大山大水之間獨立吟詠的蘇東坡，有一天也會走到窮途末路之境嗎？

那時他來到黃州已經三年了，三年的時間，對他來說，顯然還不夠適應這裡的環境。這一年春天，雨勢很大！東坡用「春江欲入戶」來說明雨下得太大，以至江水高漲，幾乎要沖壞了他的小屋。而他那時所住的房子，雖然有個「雪堂」的美名，卻也實在過於簡陋。那時東坡只能自己蓋房子，自己打水井，這樣的環境絕對沒有我們現代人住得好。「小屋如漁舟，濛濛水雲裡。」如此風雨飄搖，他們一家十口，一定是日夜擔驚受怕的。

另外還有一層憂患，那就是廚房裡完全空空蕩蕩，幾乎沒有食物了。充其量只能煮點野菜，但是沒有柴火，所以只能焚燒潮溼的蘆葦。「空庖煮寒菜，破灶燒溼葦。」文人若是眞的走到了如此山窮水盡的時候，其實他還是可以藉由寫詩、賞花、惜春來轉換心情。可是東坡卻說：躺臥在床上，聽說屋外的海棠花都被雨水打落了，花瓣紛紛掉在髒汙的泥淖裡，顯得狼藉不堪。唉，竟然是這樣的春天，本來無情，它根本不需要人們爲它的去留而惋惜。

正是因爲連春天都這麼無情地背過臉去，才讓蘇東坡灰心的吧！他孤懸在黃州，就在這個春天，他突然發現自己的鬍鬚已經花白了！前半生的歲月已然流逝！他緊張地遙望汴京皇城，然而君王宮門深九重，他的理念已不能上達天聽。那麼乾脆轉回故鄉呢？因爲他看到遠處飛來的烏鴉，嘴裡銜著冥紙，這才醒悟近日就是寒食節與清明節了。是該回去掃墓的，但是家鄉的墓園卻在萬里之外，他是插翅也飛不回去的。就這樣進不得，也退不得，只能如風雨中的小舟，飄搖在濛濛水雲間。

他對自己說：「哭出來也許會好一點。」但是內在的另一個聲音卻告訴他：「沒辦法，心已經冷了！如同一片煙塵灰燼，再也喚不回熱情。又怎麼能有眼淚呢？」

我們面對這篇天下第三行書，該如何看待呢？顯然東坡已經跌到了情緒的谷底，那也是一種重度憂鬱。但是我覺得他不需要諮詢醫生，因爲書寫本身就具有療癒的效果。就算哭不出來，寫出來總可以吧！但凡能把心裡的苦訴諸於筆墨，就能達到情緒宣洩的效果，同時也能在此間自我覺察、自我觀看，進而自我表露。所以我相信西元一〇八二年寒食節當天，那個讓蘇東坡睡不著的清晨，當他寫下〈寒食帖〉之後，心情應該就好多了。再加上他的毛筆完全能體會主人的心意，使得東坡在運筆之間，也藉由書法的藝術，強調他苦悶和抑鬱的人生窘境。

世間最豁達的靈魂莫過於東坡居士，然而即使是東坡，也曾經感到困頓與苦惱。因此書寫能力的培養，確乎是很重要的，因爲它隨時都會是我們抒發精神抑鬱最有效的一扇窗口。

寒食帖

自我來黃州，已過三寒食。
年年欲惜春，春去不容惜。
今年又苦雨，兩月秋蕭瑟。
臥聞海棠花，泥汙燕支雪。
闇中偷負去，夜半真有力。
何殊病少年，病起須已白。
春江欲入戶，雨勢來不已。
小屋如漁舟，濛濛水雲裏。
空庖煮寒菜，破竈燒濕葦。
那知是寒食，但見烏銜紙。
君門深九重，墳墓在萬里。
也擬哭塗窮，死灰吹不起。

徐州、黃州、杭州——〈豬肉頌〉

東坡肉是華人地區各大餐館常見的菜色，也是普遍受到喜愛的高人氣佳餚。不僅在館子裡頭常見，有時在市場中賣熟食的攤子上，也可以見到它的蹤影。它與一般的紅燒肉不甚相同，紅燒肉可以用水來燉，東坡肉卻是以酒來燉肉，而且細火慢燉之後，還需要再蒸過，才能造就這一半肥一半瘦，口感不油膩，入口即化，又帶有淡淡酒香的超級美食。我的朋友當中，甚至有人單單以一道東坡肉的優劣成敗，來對各家餐館進行評價。那麼東坡肉有可能是在我們給各家牛肉麵排名之後，最讓人想要去做評分的一道菜吧！

蘇東坡寫〈豬肉頌〉的時間點落在宋神宗元豐年間，那時他被貶黃州，是生活最困苦的時候，而豬肉賤價，蘇軾對於食材研發的興趣又很濃厚，於是一般人都以為東坡肉的發生地點只在黃州。其實蘇東坡研究這道菜的時間很長，從宋神宗元豐元年（西元一〇七八年）蘇軾任徐州知州開始，中間經歷了黃州的貶謫歲月，然後到宋哲宗元祐四年（西元一〇八九年）他再度回到杭州擔任知州。這段時間，也就是從他四十三歲到五十四歲，十多年間，他一直在改良精進東坡肉。

之所以會有這道名菜，其實與他的政績有很密切的關係。當年他在徐州當知州的時候，很不幸地，遇到了黃河潰堤，大水淹沒徐州城的悲慘景況。那時，有錢人都紛紛逃往他鄉，留在城中的百姓，都是貧窮生病因而走不了的人。蘇軾當時毅然決然捲起褲管與百姓一同抗洪。很多原本已經離去的人，看到知府大人這麼有誠意和決心，又紛紛回來了。蘇軾一連七十多天沒有回家，身先士卒投入抗洪和救災的工程。最後終於熬到水退了，徐州城的危機解除了。那些劫後餘生的災民非常感謝知府大人的全力相挺，不離不棄。因此很多人將自己家裡養的豬送來給蘇軾。蘇軾只好將肉烹煮了，再分送給大家。這是最早東坡肉的由來。

到了元豐三年，蘇軾被貶黃州，原本沒有地方住，後來找到名爲東坡的一片舊營地，蘇軾於是展開辛勤的墾荒工作，以自給自足換來衣食的溫飽，從而也宣告了「東坡居士」時代的到來。此間，豬肉的價錢低廉，富有的人就看不起這道食材，可是窮人也不懂得怎麼煮才好吃。因此蘇軾就在當年徐州的基礎上，常常練習烹煮。他在〈豬肉頌〉裡寫下他的經驗：將鍋子洗乾淨，水放少一點，柴頭收小火，心裡不要著急，很有耐心地慢慢等，火候到了，自然就會十分美味。他以自己爲例，每天早晨起來可以吃兩碗，然後得到一整天滿滿充沛的精力！他對於自己的廚藝是那樣的有自信！對於生活，又重新找到了力量。這一切都和他的美食精神密切相關。

到了宋哲宗元祐四年，蘇軾第二度回到杭州做官，第二年又遇到了洪災！因爲浙江大雨，鬧得太湖氾濫。蘇軾自然是很有經驗地再度帶著大家抗災。水災結束之後，他又發現西湖淤塞，像是美人的眼睛失明了！眞可惜。於是他奏請朝廷撥款，致力於疏通西湖，修建長堤。爾後不僅出現了景色宜人的蘇堤，還有美麗的三潭印月，使當地的百姓見識到疏浚工程也可以達到美學的高度。因此大家感佩之餘，又紛紛將自己的豬獻給了蘇軾。蘇軾此時的廚藝更精進了，他自然又將燒好的肉再分送給大家。那好吃的程度啊，一定是令滿城的人都驚艷！這一回，東坡肉的名氣不脛而走！蘇軾於是帶動了杭州餐飲業的爭相競效，仿做東坡肉。

一道名菜的逐漸成熟，竟是源於蘇軾十多年間在基層的苦幹實幹，從四十三歲到五十四歲是他最能夠做事的時候，爲了百姓，他很能吃苦耐勞，而每回將菜餚分送出去的時候，也展現了父母官博愛的精神。名菜背後的故事如此動人！往後我們在品嚐東坡肉時，能不想起大文豪曾經流下了辛勤的汗水嗎？

附錄原文

豬肉頌

淨洗鐺，少著水，柴頭罨煙焰不起。待他自熟莫催他，火候足時他自美。黃州好豬肉，價賤如泥土。貴者不肯吃，貧者不解煮。早晨起來打兩碗，飽得自家君莫管。

蘇軾不缺襪子了！——〈文與可畫篔簹谷偃竹記〉

西方人可能不一定明白中國的寫意畫，尤其是寫竹。因爲它不能描線、打底稿，必須一氣呵成。而且不是畫，是以書法的筆意來「寫」。在描寫竹子之前，文人已經有理想的畫面如在眼前，所以當他鋪開紙之後，眼睛往紙上凝視，馬上就出現他想要畫的圖形於白紙之上。然後他急忙拿起筆來，很快地追隨那個畫面，其速度極快，就像是兔子在原野上奔跑，又像是蒼鷹突然從天空滑翔降落。之所以要快，是怕那個理想的畫面，稍縱即逝。蘇軾說：「故畫竹必先得成竹於胸中，執筆熟視，乃見其所欲畫者，急起從之，振筆直遂，以追其所見，如兔起鶻落，少縱則逝矣。」但其實這一段話，是他的表哥畫竹專家文與可教導他的。蘇軾說雖然自己沒有學得很好，但是表哥說的道理，他都可以理解。不像他弟弟蘇轍，從來不畫畫，所以只能夠寫文章來誇獎表哥：「庖丁，解牛者也，而養生者取之；輪扁，斫輪者也，而讀書者與之。今夫夫子之託於斯竹也，而予以爲有道者則非邪？」蘇轍只是誇讚表哥這位大藝術家的境界，可蘇軾認爲自己不僅已經看到了藝術的境界，而且也學到了所謂的技巧與方法。

但事實上，這位大表哥文與可針對寫竹還說了許多話。他說：很多人畫竹子都是一節一節地畫，然後再累加葉子上去。其實那不是竹子！我們仔細觀察竹子的生長，一旦它開始萌生，竹子和葉子便同時俱在。文與可一輩子畫竹，無論遷居到哪裡去做官，他始終住在竹林邊，在竹林裡生活，就近觀察著竹子的生長與細節。有趣的是，一旦他遷徙，就會連帶地牽引四方之人也跟著移動。原來這些人都是想跟他要畫的。而那些前來求畫的人都手持大批白絹到他的門前，推推擠擠，讓文與可這個喜歡安靜的藝術家感到極度厭煩！於是他發了狠話：「我要將這些絹布拿來做襪子！」這一句氣話威力不小，一下子就在文人圈子裡傳開了。

文與可原本在洋州（在今天的陝西）做官，後來調任到別處，差不多在同時，蘇軾調往了徐州，此地古稱彭城（在今天的江蘇）。那時文與可寫了一封信給蘇軾：「近語士大夫，吾墨竹一派，近在彭城，可往求之。襪材當萃於子矣。」蘇軾可以不缺襪子了！玩笑開過之後，文大畫家還寫了一首詩：「擬將一段鵝溪絹，掃取寒梢萬尺長。」蘇軾立即取笑回來：你要畫萬尺長的竹子，大概要用絹帛二百五十匹，我知道你也懶得畫，乾脆把那些絹帛送給我吧！（反正我要做襪子！）文與可笑了：「蘇子嘴巴厲害呀，我要是有二百五十匹絹，馬上買田買地，告老還鄉。」

他們這對表兄弟雖然很會開玩笑，卻也是彼此眞性情相待。文與可那麼吝於給人畫畫，卻是在洋州做官的時候，當地有一處非常美的竹林稱爲篔簹谷，谷中竹子長得非常高大挺拔！文與可將它畫下來送給了蘇軾，還說：「此竹數尺耳，而有萬尺之勢。」於是他要求蘇軾作洋州三十詠以爲回報，其中第二十四首是這樣寫的：「漢川修竹賤如蓬，斤斧何曾赦籜龍。料得清貧饞太守，渭濱千畝在胸中。」漢水一代的竹子大約不值錢吧，我認爲人們看重的不是竹子，大家最喜愛的還是口感鮮嫩的竹筍。我猜呀，你這個嘴饞的清貧太守，一定是把渭水邊的千畝青竹給呑進肚子裡了。

收到這封信的時候，文與可正帶著妻子在谷中遊玩，文太太正在準備野餐，當天的晚飯主菜正是燒竹筍！看到蘇軾寫的詩，他們倆正好在竹林中開動吃飯，一時間失聲大笑！笑得連飯都噴出來了！

這麼快樂的時光，驀然回首卻是心酸的。在他們大笑之後兩年，文與可病逝。大笑之後三年，蘇軾晒書時發現了這幅畫，忍不住痛哭失聲！幾個月後，發生了北宋最嚴重的文字獄——烏臺詩案。御史臺的官員連番向皇帝上劄子彈劾蘇軾，簡直欲置其於死地。於是宋神宗批示皇甫遵急馳湖州勾攝之，在湖州的蘇軾連忙寫信給弟弟蘇轍交代後事，同時身懷金丹，準備自盡。就在那一年的八月，蘇軾下獄遭受審訊……。

文與可畫篔簹谷偃竹記

竹之始生，一寸之萌耳，而節葉具焉。自蜩腹蛇蚹以至於劍拔十尋者，生而有之也。今畫者乃節節而為之，葉葉而累之，豈復有竹乎？故畫竹必先得成竹於胸中，執筆熟視，乃見其所欲畫者，急起從之，振筆直遂，以追其所見，如兔起鶻落，少縱則逝矣。與可之教予如此。予不能然也，而心識其所以然。夫既心識其所以然，而不能然者，內外不一，心手不相應，不學之過也。故凡有見於中而操之不熟者，平居自視瞭然，而臨事忽焉喪之，豈獨竹乎？

子由為〈墨竹賦〉以遺與可曰：「庖丁，解牛者也，而養生者取之；輪扁，斫輪者也，而讀書者與之。今夫夫子之託於斯竹也，而予以為有道者則非邪？」子由未嘗畫也，故得其意而已。若予者，豈獨得其意，並得其法。

與可畫竹，初不自貴重，四方之人持縑素而請者，足相躡於其門。與可厭之，投諸地而罵曰：「吾將以為襪材。」士大夫傳之，以為口實。及與可自洋州還，而予為徐州。與可以書遺予曰：「近語士大夫，吾墨竹一派，近在彭城，可往求之。襪材當萃於子矣。」書尾復寫一詩，其略云：「擬將一段鵝溪絹，掃取寒梢萬尺長。」予謂與可：「竹長萬尺，當用絹二百五十匹，知公倦於筆硯，願得此絹而已。」與可無以答，則曰：「吾言妄矣。世豈有萬尺竹哉？」予因而實之，答其詩曰：「世間亦有千尋竹，月落庭空影許長。」與可笑曰：「蘇子辯則辯矣，然二百五十匹絹，吾將買田而歸老焉。」因以所畫篔簹谷偃竹遺予曰：「此竹數尺耳，而有萬尺之勢。」篔簹谷在洋州，與可嘗令予作洋州三十詠，〈篔簹谷〉其一也。予詩云：「漢川修竹賤如蓬，斤斧何曾赦籜龍。料得清貧饞太守，渭濱千畝在胸中。」與可是日與其妻遊谷中，燒筍晚食，發函得詩，失笑噴飯滿案。

元豐二年正月二十日，與可沒於陳州。是歲七月七日，予在湖州曝書畫，見此竹，廢卷而哭失聲。昔曹孟德祭橋公文，有「車過」、「腹痛」之語。而予亦載與可疇昔戲笑之言者，以見與可於予親厚無間如此也。

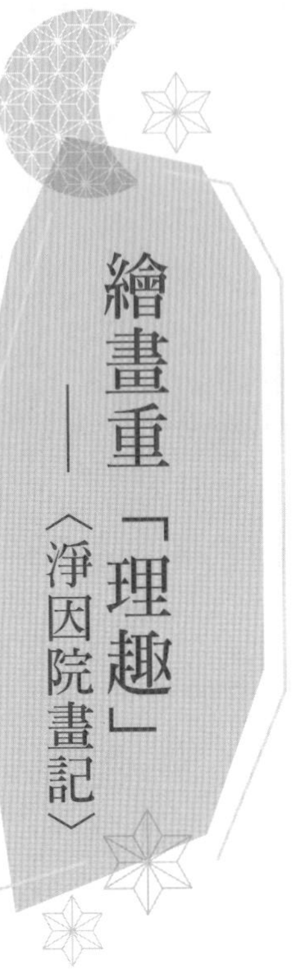

繪畫重「理趣」——〈淨因院畫記〉

遊走於北宋的汴京城，其實跟我們今天在臺灣的生活情況很像，也就是一片住商混合的都市景觀。原來在隋唐時期大致上是實行「坊市分設」制的，也就是在長安有東市與西市兩個市集，其他地區稱之爲「坊」，而大部分的「坊」則主要是住宅區。然而隨著時代進入北宋，因爲城市人口急劇增加，使得首都汴京的坊市分離制度完全崩潰。因此人們隨處可以看到在市集內或是在坊內都有爭先恐後開店做生意的「肆」。從宋朝初年開始，汴京就是一座繁華的不夜城，開麵店的、經營旅館的、賣燒餅的、好幾層樓高的大酒家……，都與住宅區，甚至於是寺廟等建築雜然並立。不過就如同我們今天在臺北等各城市看到的街景一樣，仍然有一些街上整排的店鋪都經營著單一的特殊商品，例如：金銀、藥材、布料，甚至於寵物店等等。還有一些街道上的各家店鋪都是批發商，例如：果子行、青魚市、牛行街、馬行街、薑行、紗行等等。

我們今天要講的故事，就發生在一條大宗批發巷裡。這個地方稱之爲「油醋巷」。在這繁華熱鬧的街道上，有座著名的寺廟叫做淨因院。北宋神宗熙寧三年（西元一〇七〇年）十月，大畫家文與可以太常博士出守陵陽，陵陽在今天的四川眉山市仁壽縣。這時他的表弟蘇軾前來為他送行。我猜蘇軾當時一定很羨慕表哥能夠回到家鄉去任職，畢竟他們是一起在川西壩子長大的好兄弟，對於家鄉和童年的成長記憶，都有一股戀戀的情懷。那麼此時他們兩人在哪裡話別呢？就是在汴京城油醋巷裡的淨因院。這座寺院的住持是道臻禪師。原來文與可兩兄弟與住持交情匪淺，文與可曾經畫過竹子送給住持。如今他將西行，於是帶著表弟蘇軾來到淨因院向住持告別。當天大畫家又發雅興，在道臻禪師的東齋房畫了兩枝尖峭的竹子與一株枯木。然後他要求表弟為這幅畫寫一篇畫記。於是在這喧囂繁華的油醋巷一隅，禪修、藝術與文學，就這麼靜靜地交織出一個屬於文人的時光，蘇軾寫下了〈淨因院畫記〉。一千年後，這篇文章曾經成為我們大學學測的國文試題。

蘇軾文章開頭就說，在我們的日常生活中，所有的物品都有固定的型態，但是藝術家往往不取這些固定的形狀或型態，而偏偏要畫它們扭曲變形或非常態的樣貌。這讓我不由得想起西班牙畫家達利那些「癱軟的時鐘」等狂想作品，還有荷蘭畫家梵谷那幅具有很強勁筆觸的名畫「星空」。我們之所以還能看得懂這些畫，並且接受其藝術形象，那是因為其事物的本質還在。

蘇軾說：文與可的繪畫，儘管造型千變萬化，但最重要的是他掌握了物象的客觀本質。你看他畫的竹子和枯木，有的生動，有的死寂，有時蜷曲，有時通達順暢。我們再仔細看他畫中的根莖和枝葉，以及所有的細節，包含綿密的紋路，真可說是變化無常，因為畫家從來不喜歡因循規律。然而即使再怎麼變化，所有的枝節、葉脈，也都還在它應該生長的地方，精準無誤。

我們從蘇軾的文章中可以窺見，宋代的畫評家們極力追求的是物象內在的規律，而不僅僅著力追求物件的外型和表象。事實上，在五代十國，四川另有一位重要的大畫家叫黃荃，他精通花鳥、翎毛。然而蘇軾就在〈書黃荃雀〉中，批評他的畫作失去了事物內在的規律與本質：「黃筌畫飛鳥，頸足皆展。或曰『飛鳥縮頸則展足，縮足則展頸，無兩展者。』驗之，信然。乃知觀物不審者，雖畫師且不能，況其大者乎？君子是以務學而好問也。」

學問之道是相通的。而蘇軾要求繪畫者對於自然現象界的觀察，已經近乎科學家的眼光，務求透視、歸納萬事萬物內在的本質和規律，然後才能具體展現在畫作中。因此宋代畫論所著重的乃是畫家的科學之眼。與蘇軾政見敵對的是眞正的科學家沈括，在他的名著《夢溪筆談》中，曾記載了一個精彩的故事：「歐陽公嘗得一古畫牡丹叢，其下有一貓，未識其精粗。丞相正肅吳公與歐公姻家，一見曰：『此正午牡丹也。何以明之？其花披哆而色燥，此日中時花也；貓眼黑睛如線，此正午貓眼也。有帶露花，則房斂而色澤。貓眼早暮則睛圓，日漸中狹長，正午則如一線耳。』此亦善求古人筆意也。」乍看一幅牡丹圖，就能判斷出畫家當時作畫的時間，絕不是在上午而是在正中午。這也眞是觀察入微了。

以凡事要合情合理的角度來觀畫，蘇軾還有一段有趣的言論。有一天，幾位館人在看黃山谷拿出來的李龍眠「賢己圖」。圖畫中有六、七個人往盆中擲骰子，其中五個骰子都已停下來，但猶有一粒骰子還在旋轉不停。這時的參加博弈的六、七人都緊張得臉色大變！其中有一個人俯視盆子大聲疾呼！面對這張畫，幾位觀畫的博學之士，無不擊節讚賞！有人說李龍眠將人物畫得很穠纖合度，也有人說畫家將每個人臉上的表情表現得各不相同，確實很妙！可是東坡來了，他以不屑的口吻說道：「怎麼？李龍眠是閩南人嗎？」眾人不解。東坡繼續說：「四海之內所有的口音方言，只要說到『六』這個字，都是撮口或合口的嘴型。只有閩南語念到『六』這個字時，是嘴巴打開的張口音。如今你們看，那盆子裡的骰子都是六，只有一粒未定。所以那個人急了，開口疾呼『六』，但卻是個張口的樣子，這是為何呢？」一句話說的李龍眠當場啞口無言，而事實上李公麟是安徽桐城人。

宋人論畫，希望在主觀精神意志的表現背後，同時力求遵守客觀物象的物理原則。古人有個詞彙叫做「理趣」。我很喜歡這兩個字，現代作家錢鍾書在《談藝錄》中說過：「若夫理趣，則理寓物中，物包理內，物秉理成，理因物顯。」這是以耐人尋味、意象紛呈的詩意，包裹著一個永恆不變的眞理。這也與宋代理學講「格物致知」，以及道家思想中的「物我合一」精神密切相關。事實上，蘇軾在〈書吳道子畫後〉中，也曾說道：「道子畫人物，如以燈取影，逆來順往，旁見側出，橫斜平直，各相乘除，得自然之數，不差毫末。」這是讚賞吳道子的人物比例相當自然寫實，但同時他也能夠別出心裁，畫出物理原理之外具有特殊風味的豪放美感：「出新意於法度之中，寄妙理於豪放之外，所謂遊刃餘地，運斤成風，蓋古今一人而已。」

綜觀蘇軾多篇畫論，我們可以體會當時的藝術家們對於主觀情意與客觀眞理的會通，已經具有高度的認知與建構。

淨因院畫記

余嘗論畫，以為人禽宮室器用皆有常形。至於山石竹木，水波煙雲，雖無常形，而有常理。常形之失，人皆知之。常理之不當，雖曉畫者有不知。故凡可以欺世而取名者，必託於無常形者也。雖然，常形之失，止於所失，而不能病其全，若常理之不當，則舉廢之矣。以其形之無常，是以其理不可不謹也。世之工人，或能曲盡其形，而至於其理，非高人逸才不能辨。與可之於竹石枯木，真可謂得其理者矣。如是而生，如是而死，如是而攣拳瘠蹙，如是而條達暢茂。根莖節葉，牙角脈縷，千變萬化，未始相襲，而各當其處。合於天造，厭於人意。蓋達士之所寓也歟！昔歲嘗畫兩叢竹於淨因之方丈，其後出守陵陽而西也，余與之偕別長老臻師，又畫兩竹梢一枯木於其東齋。臻師方治四壁於法堂，而請於與可，與可既許之矣，故余并為記之。必有明於理而深觀之者，然後知余言之不妄。

元豐三年端陽月八日眉山蘇軾於淨因方丈書。

延伸思考

文人之夢

很多文學家喜歡語不驚人死不休！
可是在現實生活中，
當你被某人或某事所激怒時，
特別是發現自己的理智線快要斷掉，
隨時會口出驚人之語的時候，
你覺得應該怎麼做，
才能使自己恢復平靜？

第二單元

以快樂爲名

凝練東坡畢生精華的一封信——〈答謝民師書〉

自從紹聖元年（西元一〇九四年），蘇軾被貶惠州以來。匆匆又過了三年，在這裡的後期生活，幸虧有惠州知州方子容的協助，才讓六十開外的東坡先生有個棲身之所。方子容本身也是個很有學問的人，因此當他見到才學淵博的蘇東坡，直感到「高山仰止，景行行止」，遂與東坡親切往來，彼此唱和。方子容是紹聖三年九月來接任知州的，卻不料到了紹聖四年四月十七日，他竟然收到朝廷將蘇軾再貶往海南昌化軍的誥命。方子容不知道該如何將這件事情告訴東坡。況且當時渡海去海南島的交通條件很差，狂風巨浪之下，眞是危難重重！

於是他想到一個辦法，他對東坡說了一個故事：我的妻子向來虔誠供奉菩薩，某天晚上她夢見菩薩前來告知：「我將在七十二天之後，與蘇子瞻一同過海。」如今算來，今天恰好就是第七十二天了。您是一個有福之人，過海時，自有菩薩顯靈保佑。蘇東坡何其聰明，一聽就知道方子容在安慰他。於是他很豁達地回應：「我這麼個小人物，竟然還要麻煩菩薩陪同，想來也是前世種下的因緣吧。」我想當年方子容委婉的訴說，一定給予蘇東坡心頭溫暖與慰藉，同時他們兩人的友誼，也會成為東坡日後珍貴的回憶吧！

然而，蘇軾貶謫海南島畢竟是一件大事。這個消息一傳開，又引來了東坡另一位至情至性的好友，這個人名字叫巢谷，從小與東坡一起長大，乃是一個奇人！他在蘇軾被貶黃州時，親自到黃州去幫忙墾荒、耕地、蓋房子，幫助蘇軾度過了餐風露宿的難關。可是到了元祐元年，哲宗即位，蘇軾重新回到朝廷任翰林學士、知制誥，成為耀眼的政治明星時，巢谷便安靜地離去了，他回到四川眉山，不再與蘇軾相見。等到他聽說老朋友遠謫嶺南，不日還要渡海去儋州，巢谷便又動身前來探望。然而此時他已經是個七十三歲的古稀老人，拖著瘦弱多病的身軀，歷經千辛萬苦，翻山越嶺，好不容易先找到了蘇轍。蘇轍很驚訝巢谷竟然從四川走到嶺南，中間相隔一千七百多公里，他究竟是怎麼走來的？巢谷告訴蘇轍，他要過海去海南島看東坡。蘇轍極力勸阻，因為巢谷的年紀實在太大了，經不起在海上的折騰。後來巢谷在路上被賊人偷走了行囊，過了一段時間又聽說賊人被官府捕獲，因此他又折回去取回自己僅有的一點路費。就在這個時候，他因為過度勞累而病倒了，最終沒有回到四川，就客死異鄉。巢谷老人為了探望蘇東坡，步行三千里，還因此而失去了性命。這件事情，東坡是到了宋徽宗建中靖國元年（西元一一〇一年），從海南島北歸的途中，才知道的。那時他已經六十五歲了，一時間悲痛交加，老淚縱橫。不僅東坡對於巢谷有無限的感念，就連千年以下的讀者也會為這份友誼深深動容吧！

不過就在此時，北歸的路上，東坡的身旁又出現了一位可以在精神上與他互相扶持的好朋友。這個人叫謝民師，他當時擔任廣州推官，聽說蘇東坡從海南島來到廣州，於是他帶著自己的詩文手稿前來拜見。對於他的文章，蘇軾給予很高的評價。等蘇軾離開廣州之後，謝民師也曾多次寫信向東坡請益，於是東坡就在客舟中回信給他，這篇尺牘就是著名的〈答謝民師書〉。並且這封信的眞跡被稱之爲〈行書答謝民師論文帖卷〉，如今收藏於上海博物館。我們可以據此領略蘇東坡書法的藝術。

關於東坡的書法，黃山谷曾有如下的評價：「筆圓而韻勝，挾以文章妙天下，忠義貫日月之氣，本朝善書，自當推爲第一」。而面對這一篇尺牘精品，婁堅在卷後跋亦云：「坡公書肉豐而骨勁，態濃而意淡，藏巧於拙，特爲淳古」。蘇東坡的字之所以看起來豐腴雄渾，筆力圓融，這與他「另類」的握筆習慣很有關係。原來蘇軾慣於「單鉤臥筆，以側勢取妍」。

所謂「單鉤」是指以食指鉤住筆管與拇指形成一個鉗制形狀，至於其他手指則都在筆管的後方。因爲只以一指鉤住筆，所以稱爲「單鉤」。相對的，如果是以食指與中指一同鉤住筆管，這樣的握筆，我們就稱之爲雙鉤。

什麼是「臥筆」呢？蘇軾曾說：「把筆無定法」，所以他寫字的時候，手腕也跟別人不太一樣，他不懸腕，而是以手抵住桌案，使得手腕不動。

至於所謂「側勢取妍」，便是將筆鋒偏於一側，如此能使線條遒勁有韻。所以側鋒容易讓字體呈現帶狀，或是圓轉如繩狀。這種筆法起源於晉人王羲之，後來有王珣、歐陽詢、顏真卿、楊凝式等大家，最後為蘇軾所繼承。

事實上，蘇軾早年在書法上，就是臨〈蘭亭集序〉啓蒙的，中年以後又喜愛臨顏魯公、楊凝式、李邕的字，到了晚年，他便融會貫通，而自成一家了。〈答謝民師書〉正是蘇軾晚年書法境界達於高峰之作。

至於古人的尺牘，可能是寫離別之情；也可能是家書，內容表述對家人的關懷；也可能是與同好知己談文論藝。而文人往往在此間縱情揮灑，一吐肺腑之言，簡言之，尺牘之美便在於「眞情流露」。若是這份尺牘還出自於名家手筆，那就更加彌足珍貴了！蘇軾寫給謝民師的這封信，就是一篇眞情流露的好文章。

文章開頭，先寒暄與自謙一番。然後他說：您寄給我的詩文，我都已經熟讀了。談到寫文章的方法，「大略如行雲流水，初無定質，但常行於所當行，常止於所不可不止，文理自然，姿態橫生」。這段話寫得很美！寫文章就像人說話一樣，流暢就很好，像天空舒捲的雲，如大地流淌的河，一切都那麼自然順暢。而剛開始的時候還沒有將形式和論點固定下來，但是寫著寫著，如果你覺得還有話要說，就持續抒發，直到覺得該停下來了，那也是自然而然停止的。在這過程中，讓條理自然鋪陳，也要讓文句和形式有所變化。

東坡先生這樣回答謝民師，讓我想起了《論語．爲政》云：「七十而從心所欲，不逾矩。」那是完全眞誠坦率地順服著自己的心意走下去。由此亦可想見，東坡的文學觀在他從海南島北歸之際，又向上攀升了一個高度，臻於化境。

而事實上，東坡在文章中也就是以《論語》爲例，他說：「孔子曰：『言之不文，行而不遠。』又曰：『辭，達而已矣。』」他特別並舉出這兩段話來，我們不禁要問：東坡自己怎麼看待文采與辭達的問題？他說：「求物之妙，如繫風捕影；能使是物瞭然於心者，蓋千萬人而不一遇也，而況能使瞭然於口與手者乎？是之謂辭達。辭至於能達，則文不可勝用矣。」寫文章，要把精妙的意義說出來，就像是要捕抓空中的風和影一般，眞是很不容易呀。能做到這一點人，大概是鳳毛麟角吧。能體會出事物的意義，已屬難得，更何況還要運用語言文字把它表述出來，能做到這一點的人，相信文采已是他生命最豐厚的資源了。

我們閱讀這一篇凝聚東坡思想精髓的文章，既有視覺上觀賞書法藝術而得到的充實美感，同時對於「文學是什麼？」似乎也得到了一個上乘的解答。也許心有餘力不足，但至少方向找到了，我們就可以朝著東坡所指引的理想一步一步往前行。只是我們仍然不捨，因爲東坡寫完〈答謝民師書〉之後，不到一年，他便溘然長逝。

答謝民師書

近奉違，亟辱問訊，具審起居佳勝，感慰深矣！某受性剛簡，學迂材下，坐廢累年，不敢復齒縉紳。自還海北，見平生親舊，惘然如隔世人，況與左右無一日之雅，而敢求交乎？數賜見臨，傾蓋如故，幸甚過望，不可言也。

所示書教及詩賦雜文，觀之熟矣。大略如行雲流水，初無定質，但常行於所當行，常止於所不可不止，文理自然，姿態橫生。孔子曰：「言之不文，行而不遠。」又曰：「辭，達而已矣。」夫言止於達意，即疑若不文，是大不然。求物之妙，如繫風捕影；能使是物瞭然於心者，蓋千萬人而不一遇也，而況能使瞭然於口與手者乎？是之謂辭達。辭至於能達，則文不可勝用矣。揚雄好為艱深之辭，以文淺易之說；若正言之，則人人知之矣。此正所謂「雕蟲篆刻」者，其《太玄》、《法言》皆是類也，而獨悔於賦，何哉？終身雕篆而獨變其音節，便謂之「經」，可乎？屈原作〈離騷經〉，蓋〈風〉、〈雅〉之再變者，雖與日月爭光可也，可以其似賦而謂之「雕蟲」乎？使賈誼見孔子，升堂有餘矣；而乃以賦鄙之，至與司馬相如同科。

雄之陋，如此比者甚眾。可與知者道，難與俗人言也，因論文偶及之耳。歐陽文忠公言：「文章如精金美玉，市有定價，非人所能以口舌定貴賤也。」紛紛多言，豈能有益於左右，愧悚不已。

所須惠力法雨堂字，軾本不善作大字，強作終不佳，又舟中局迫難寫，未能如教。然軾方過臨江，當往游焉。或僧有所欲記錄，當為作數句留院中，慰左右念親之意。今日至峽山寺，少留即去，愈遠。惟萬萬以時自愛。不宣。

巨石交響樂——〈石鐘山記〉

西元一九八三年侯孝賢導演了一部電影「風櫃來的人」，劇中的年輕人是從澎湖風櫃來到高雄的。風櫃這個地方之所以名聲大噪，除了有經典電影的加持以外，還因爲這裡的地形非常奇特。待在這個漁村裡，經常可以聽到海水在海蝕溝與海石洞裡進進出出所發出的奇怪聲音。原來這裡的玄武岩因長年爲海浪所衝擊，漸漸形成了許許多多狹長的孔竅與洞穴，各種寬窄長短不一的洞穴，在氣流通過與巨浪的激盪之下，使得人們經常可以聽到從岩石中發出來的尖銳聲響。

距今大約一千五百年前，北魏的地理學家，同時也是文學家酈道元，他也發現了一處孔竅甚多的岩洞，往往發出各種古怪的聲響。那是在鄱陽湖入長江的湖口處，可能是因爲長年發出巨響，因此人們稱之爲「石鐘山」。酈道元在《水經注》裡認爲這些奇奇怪怪的聲音，來自於山底下靠近深潭的地方，風吹動了水而形成波浪，波浪與石頭激盪，因此就發出了這般聲響。

這個說法，蘇東坡表示懷疑。他說：如果你把鐘或者磬放在水裡，就算是風浪再大，我們也不可能在岸上聽到什麼聲響。何況在水裡也沒有什麼樂器，不過就是石頭。那麼此地究竟爲什麼會發出這麼多奇奇怪怪的聲音呢？東坡找到了另一說法，那是唐朝一個很有學問的人，名字叫李渤。李渤隱居讀書的地方稱爲白鹿洞，這裡後來經過歷代的整理與翻修，成爲有名的白鹿洞書院。李渤是個身體力行的學者，他親自來到石鐘山，然後找兩塊石頭來敲敲看。一邊敲，一邊仔細地聆聽。結果「南聲函胡，北音清越，桴止響騰，餘韻徐歇」。原來石鐘山分爲南北兩邊，南邊的山石敲打起來，只聽到混濁模糊的聲音。那北邊的山石敲打起來，卻聽到了清亮響脆的音響效果。當他停止敲打，這餘音還在慢慢地迴盪，然後漸漸消失。李渤很滿意，他認爲他已經找到石鐘山命名的由來了。

蘇東坡看完了這份資料，簡直感到啼笑皆非！這說的是什麼呀？任何一座山，拿個石頭敲一敲，不都是會發出聲音嗎？那爲什麼偏偏這一座山叫做石鐘山呢？這還是沒有解答問題呀！

到了元豐七年六月，這段時期，東坡應該蠻開心的。因爲他終於結束了在黃州貶謫的生涯，宋神宗將他調往汝州，這個地方，如今還是叫做汝州市，位於河南省。而且此處離汴京城眞是近多了，所以「貶謫」乃是一種政治語言，它暗示著官員的政治生涯是否還有希望。蘇東坡藉此機會上書給神宗，說自己長年飢寒，是故請求調往常州，因爲他在那裡有田地。東坡還有另一層高興的理由，他的長子蘇邁，三年前中了進士，如今正式授以饒州德興縣尉。蘇邁很有乃父之風，無論是文章或官聲。他是王弗的兒子，由王閏之視如己出撫養長大，烏臺詩案爆發時，就是他陪著父親進京，並且到處奔走打點。那段辛酸往事，如今已事過境遷，現在是父親陪著兒子去上任了。

就在這個時候，他們來到了鄱陽湖的湖口，那怎麼能不去看看石鐘山呢？當時有個小和尚拿著一把斧頭往山壁上敲打，當場就發出了「空空空」的聲音。小和尚的意思是說：這就是石鐘山名字的由來。東坡又笑了！

當天夜裡，東坡發揮了當年他在黃州赤壁攀岩覽勝的精神，帶著兒子，再度出發，他要去探險了！「至莫夜月明，獨與邁乘小舟，至絕壁下。大石側立千尺，如猛獸奇鬼，森然欲搏人；而山上棲鶻，聞人聲亦驚起，磔磔雲霄間；又有若老人咳且笑于山谷中者，或曰此鸛鶴也。」

他們父子倆乘著小船來到了懸崖絕壁之下，奇形怪狀的岩石矗立在他們眼前，看起來陰森森的，像是要伸手抓人的猛獸和鬼怪！而山上的老鷹聽到有人的聲音，也突然驚飛起來，猛然衝上雲霄。接著他們又聽見山谷中傳來好像是老人咳嗽又像是在大笑的聲音，那也許是一些鸛、鶴之類的大鳥吧。東坡這麼猜想著。其實他有點害怕！想想還是回去算了。就在這個時候，湖口的交響樂出現了！「大聲發于水上，噌吰如鐘鼓不絕。」幫他們划小船的船夫也猛然吃了一驚！

但是很快的，東坡就冷靜下來了。他細心地觀察，發現山下的岩石充滿了洞穴，也不知道多深多淺，當水波湧入洞穴裡，因爲水勢激盪遂發出了聲響。然後船行經山谷中間，有一塊大石頭出現在他們眼前，多大呢？東坡估計上面可以坐一百來人吧。但是仔細一看，這石頭大歸大，中間卻是空的，因爲你可以看到許多的窟窿，大大小小，當風把水吹進去又吐出來，這麼吞吞吐吐，進進出出，因此就出現了各種高低音域的聲響，而且與剛剛那一陣交響樂產生共鳴，就像是一個龐大樂團的演奏會。

東坡很開心地對兒子說：「謎底揭曉了！」這就是一個現成的機會教育，他讓蘇邁明白了凡事一定要求證，如果沒有親耳所聽，親眼所見，只知道聽塗說，那是絕對不可以的。然而，酈道元與李渤不是也都來到了石鐘山嗎？怎麼酈道元明明看到了石頭多孔竅，卻還不能解釋清楚這個現象？至於那李渤竟然拿個石頭敲一敲崖壁，就以爲得到答案了！眞是可笑啊！問題就出在文人士大夫，他們不可能像我們這樣半夜出來探索巨石發聲的原理。那麼長期住在這裡的居民和漁夫，他們該知道怪聲音的來源啊，但是他們又不是酈道元等文人，他們不會著書立說。於是讓這石鐘山的由來，成爲千古疑案。

東坡終於破案了。在這個過程中，他展現了克服恐懼，謹愼思辨的精神。更重要的是，他隨時隨地保持著一顆如孩童般純眞的好奇心，想要探索這個世界。我們都說他是大文豪、藝術家和思想家，如今看來，中國地理學史，應該也要記上他一筆吧！

石鐘山記

《水經》云：「彭蠡之口有石鐘山焉。」酈元以為下臨深潭，微風鼓浪，水石相搏，聲如洪鐘。是說也，人常疑之。今以鐘磬置水中，雖大風浪不能鳴也，而況石乎！至唐李渤始訪其遺蹤，得雙石於潭上，扣而聆之，南聲函胡，北音清越，桴止響騰，餘韻徐歇。自以為得之矣。然是說也，余尤疑之。石之鏗然有聲者，所在皆是也，而此獨以鐘名，何哉？

元豐七年六月丁丑，余自齊安舟行適臨汝，而長子邁將赴饒之德興尉，送之至湖口，因得觀所謂石鐘者。寺僧使小童持斧，於亂石間擇其一二扣之，硿硿焉。余固笑而不信也。至莫夜月明，獨與邁乘小舟，至絕壁下。大石側立千尺，如猛獸奇鬼，森然欲搏人；而山上棲鶻，聞人聲亦驚起，磔磔雲霄間；又有若老人咳且笑於山谷中者，或曰此鸛鶴也。余方心動欲還，而大聲發於水上，噌吰如鐘鼓不絕。舟人大恐。徐而察之，則山下皆石穴罅，不知其淺深，微波入焉，涵淡澎湃而為此也。舟回至兩山間，將入港口，有大石當中流，可坐百人，空中而多竅，與風水相吞吐，有窾坎鏜鞳之聲，與向之噌吰者相應，如樂作焉。因笑謂邁曰：「汝識之乎？噌吰者，周景王之無射也；窾坎鏜鞳者，魏莊子之歌鐘也。古之人不余欺也！」

事不目見耳聞，而臆斷其有無，可乎？酈元之所見聞，殆與余同，而言之不詳；士大夫終不肯以小舟夜泊絕壁之下，故莫能知；而漁工水師雖知而不能言。此世所以不傳也。而陋者乃以斧斤考擊而求之，自以為得其實。余是以記之，蓋嘆酈元之簡，而笑李渤之陋也。

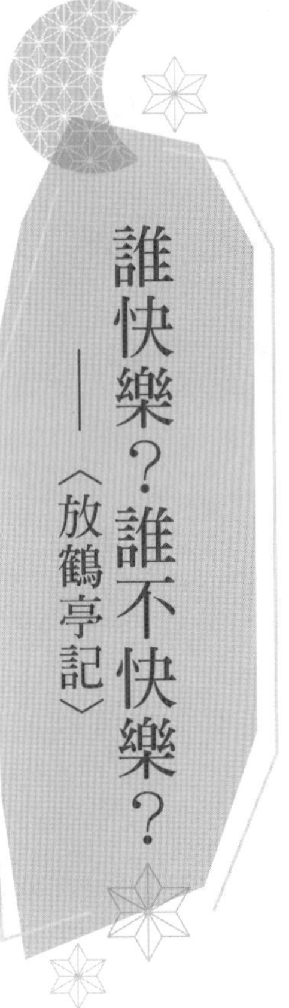

誰快樂？誰不快樂？——〈放鶴亭記〉

那天，莊子在濮水邊釣魚，他放眼望去，無邊無際碧波蕩漾的水澤，教人心曠神怡。無論有沒有釣到魚，今天都是舒服的一天啊。就在他獨自享受著天光雲影、山情水意的時候，竟有兩名不速之客出現在他的面前。原來他們是楚國國君派來的使者。使者說，國君希望敦請莊子出來處理國家大事。

楚國在戰國時代可是兵強馬壯的大國，而莊子卻是個赤貧之人。然而這個貧無立錐之地的人面對兩位使者大人，卻依舊悠哉悠哉地垂釣著，然後像是自言自語一般地說道：「我聽說楚國有個神龜，死的時候已經三千歲了，楚王以錦繡彩緞將牠包裹起來，珍藏在竹匣中，並且供俸在宗廟之上。關於這隻龜，牠究竟是寧可死了，只剩下骨骸來供人膜拜，以顯示其尊貴？還是寧願依然活著，卻是拖著尾巴在爛泥巴裡爬行呢？」

出仕與隱逸，自古以來在文人的心裡，便有一座槓桿來檢視生命的平衡與傾斜。而《莊子・秋水》中的主人公顯然是藉由神龜的故事，表明他心中的槓桿傾向於隱逸。可是我們如果拿這個問題來問蘇東坡，他會怎麼回答呢？《論語》裡面有一句話：「學而優則仕。」古人以爲學有所成，順勢便要從政，這是再自然不過的事了。只有在世事未必如意的時候，才退居科場之外。因此若是滿腹經綸卻不得做官，那麼以其高度的文化素養，亦可以擁有一份屬於自己的逍遙。文人退居江湖，隱逸山林，往往寄情於山水、徜徉於書海，與鴻儒高僧酬唱詩文，既可以撫琴品香，又樂得著述立論。甚至於具有東坡那樣的興致：燒菜、炊餅、釀酒、燉肉，不僅自己愉快，可能還會引領風潮！但是那確實都是在不得已的情況之下⋯⋯。

東坡也許很難在仕與隱之間，做出一面倒的抉擇吧！於是他去拜訪了一個奇人，這個人身上擁有東坡很嚮往卻不敢放任自己去追求的東西。雲龍山人張君，此人在彭城發大水，家裡被淹沒之後，毅然搬到東面去居住。而且從新居往山上眺望，頓時感到一股氣勢，因此他便在山上建了一座亭子。從此，每當他爬到山上，站在亭子裡，就會發現自己被群山環繞，唯獨西面有一段缺口，也就是從這個缺口，他看見了從春天到夏天，延綿不盡的芳草延伸到天邊；又在秋天與冬天，欣賞皚皚白雪與空中皓月。在這亭子裡，山人遍覽世間的滄桑與變化，也因而接受了人生不可避免的瞬息萬變與無常苦空。

雲龍山人養了兩隻仙鶴，仙鶴溫馴順從而且每天自在地翱翔在環山之間。牠們早晨從西面出口飛去，或停留在低地，或展翅於遙不可望的雲海間，然而即使有無限的自由，也不能使牠們忘懷暮色中朝亭子飛回來。雲龍山人樂以忘憂，遂將亭子取名為「放鶴亭」。

東坡站在山人的身旁，手裡握著剛才與山人暢飲過的酒杯，他是否感受到了活烏龜在爛泥裡打滾的喜悅？唉，這就是隱逸之樂吧！就算至尊至貴的君王，也換不來這樣的幸福啊！他突然想起，《易》曰：「鳴鶴在陰，其子和之。」《詩》曰：「鶴鳴於九皋，聲聞於天。」《易經》上說：「大鶴鳴叫於北方，小鶴就在遠處與之應和。」《詩經》裡也有：「鶴在水澤中一聲長鳴，那聲響頃刻間直上雲霄。」古書上的兩段話都透過仙鶴的鳴聲，勾畫出一片無比清靜遼闊的天地，讓我們看到生活在其間的高士山人，葛衣而鼓琴、躬耕而自食，其心境是多麼的悠閑曠達、超脫塵俗。

鶴的意象，於是在這兩部古籍中被定調為閑適自得的象徵。可是東坡所不能忘懷的是，史冊中明明還記載著，與周王同宗的衛懿公，因喜好養鶴，給仙鶴史無前例的尊貴禮遇，玩物喪志的結果，教北狄蠻族給生生吞吃了！

蘇東坡搖搖頭，仙鶴還是不能養吧？這時他低頭看看自己手中的酒杯，適才與山人暢飲，是多麼愜意暢懷！可是周公作過〈酒誥〉，衛武公也頒布〈抑戒〉，有道明君都認為酒不是好物，它是造成禍事的元凶，世人都該警戒。

然而歷史又告訴東坡，魏晉竹林七賢中的阮籍，在司馬懿發動政變之後，即被挾持出來做官，他選擇了擔任步兵校尉，因爲在這個營區裡有個大廚善釀酒，阮籍拉著劉伶，最高紀錄大醉六十天，不醒人事。司馬家族的人拿他無可奈何。於是阮籍、劉伶藉酒逃過一劫，得以保全眞性於亂世之中。

東坡此時有點困惑了，尊貴如君王，即使愛鶴，也不能盡情盡興，否則就會導致殺身亡國。而那些心靈純眞，塵埃不染的賢士，如此瘋狂濫飲，卻反而是好事！那麼如果他們也喜歡養鶴，是不是也無大礙呢？

東坡轉頭看著山人：「居廟堂之上與處江湖之中，兩者所能得到的快樂，竟是天差地別啊！」

山人呵呵笑，卻不答話，逕自悠哉地唱起歌來……。

東坡其實心胸是透亮的！因爲他始終知道：誰快樂？誰不快樂？

放鶴亭記

熙寧十年秋，彭城大水。雲龍山人張君之草堂，水及其半扉。明年春，水落，遷於故居之東，東山之麓。升高而望，得異境焉，作亭於其上。彭城之山，岡嶺四合，隱然如大環，獨缺其西一面，而山人之亭，適當其缺。春夏之交，草木際天；秋冬雪月，千里一色；風雨晦明之間，俯仰百變。

山人有二鶴，甚馴而善飛，旦則望西山之缺而放焉，縱其所如，或立於陂田，或翔於雲表；暮則傃東山而歸。故名之曰「放鶴亭」。

郡守蘇軾，時從賓佐僚吏往見山人，飲酒於斯亭而樂之。挹山人而告之曰：「子知隱居之樂乎？雖南面之君，未可與易也。《易》曰：『鳴鶴在陰，其子和之。』《詩》曰：『鶴鳴於九皋，聲聞於天。』蓋其為物，清遠閑放，超然於塵埃之外，故《易》、《詩》人以比賢人君子。隱德之士，狎而玩之，宜若有益而無損者；然衛懿公好鶴則亡其國。周公作〈酒誥〉，衛武公作〈抑戒〉，以為荒惑敗亂，無若酒者；而劉伶、阮籍之徒，以此全其真而名後世。嗟夫！南面之君，雖清遠閑放如鶴者，猶不得好，好之則亡其國；而山林遁世之士，雖荒惑敗亂如酒者，猶不能為害，而況於鶴乎？由此觀之，其為樂未可以同日而語也。」山人忻然而笑曰：「有是哉！」乃作放鶴、招鶴之歌曰：

鶴飛去兮西山之缺，高翔而下覽兮擇所適。翻然斂翼，宛將集兮，忽何所見，矯然而復擊。獨終日於澗谷之間兮，啄蒼苔而履白石。

鶴歸來兮，東山之陰。其下有人兮，黃冠草屨，葛衣而鼓琴。躬耕而食兮，其餘以汝飽。歸來歸來兮，西山不可以久留。

元豐元年十一月初八日記〈放鶴亭記〉。

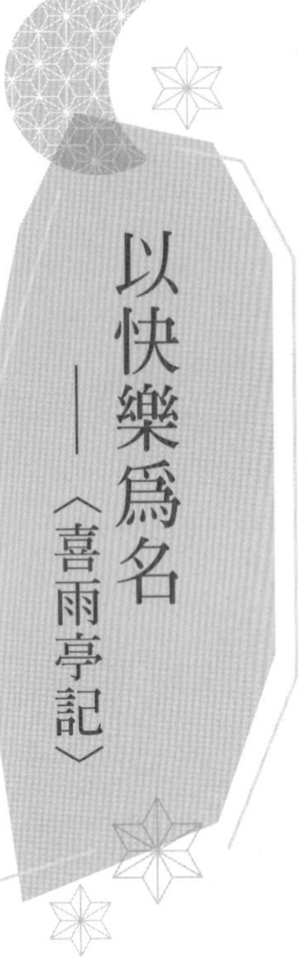

以快樂爲名——〈喜雨亭記〉

蘇東坡有個好習慣：「古者有喜，則以名物，示不忘也。」生活中如果遇到了開心的事，就用它來爲事物或是孩子命名，這麼一來，我們就再也不會忘記那曾經令我們喜悅和心動的時刻。所以東坡寫了一篇〈喜雨亭記〉。他是那樣開心地看著連綿的下雨天，農夫們歡欣鼓舞，商人們舉杯歡慶，連士大夫都感染了上天恩賜的喜悅。蘇軾指手畫腳興奮地對同僚們說道：「有了這場雨，今年準能五穀豐登！如此我們就不必擔心盜賊滋熾而獄訟繁興了。」於是他邀請大家在剛剛落成的新居，悠遊自在地玩樂，他實在太開心了，爲此還即興地唱了歌呢！

這麼快樂的文學作品，史上少見！在我們的印象中，歷史上感人至深的詩詞文賦，莫不是從逆境中淬煉出來的。也唯有如此，才能引發巨大的回響與共鳴。遙想科舉當年，曾著力提拔蘇軾的文壇領袖歐陽修，曾經說道：「非詩之能窮人，殆窮者而後工也。」從生命的磨難中，書寫出來沉痛的力道，自屈原以降，已經成爲文學的主流與基調。屈原〈離騷〉云：「懷朕情而不發兮，余焉能忍而與此終古？」屈原的書寫，乃是源於楚懷王聽信讒言，昏聵而不能納諫。屈原積壓了滿心的憂愁與怨憤，遂振筆抒發而爲〈離騷〉。而大詩人李白也終身仕途不順，理想抱負難以實現，於是他說：「極目四海，手弄白日，頂摩青穹，揮斥幽憤，不可得也。」以至於杜甫則深爲國家時局的動亂而憂心，〈春望〉一詩到了司馬光的手裡，這位史學家還深刻地感覺到戰亂導致的滿眼荒涼！「『山河在』，明無餘物矣，『草木深』，明無人矣。」

文學作品表現得如此沉痛！教人捧讀再三，而憂思滿懷。詩人們的憂傷或藉書寫而得以一時的宣洩與解鬱，然而讀者卻是照單全收，讀著讀著，恐怕也快得憂鬱症了。幸虧世間有個蘇東坡，他的文學世界裡，有率性的一面，有豁達的胸襟，有昂藏的精神，還有快樂的哲學。

歷經人生磨難而後所抒發出來的詩文，也許較爲深刻。但是快樂的文本，卻未必都膚淺。蘇東坡面對下雨天，開心地唱起歌來：如果天上落下了珍珠，人們不能用它來保暖；如果天上落下了白玉，人們不能拿它來當食物。可喜天上降下的是大雨呀！一連三天的大雨，是誰的恩賜？

蘇軾在文章即將收尾處，提出了一個好問題。是誰的恩賜？誰主宰了這一切？面對這一場好雨，百姓說要感謝太守，可是太守說他沒有這樣的力量能讓上天下雨。於是大家歸功於天子，然而天子也不居功，並將這一切歸於造物主。有趣的是，蘇軾說：造物主也不承認這場雨是祂的功勞。於是將這一切「歸之太空。太空冥冥，不可得而名」。將下雨天的功勞層層往上推，終於到了一個虛無的境界。這正是道家思想從地籟、人籟，追蹤到天籟的思維和理路。

《莊子・齊物論》中子游認知到地籟是源於風吹過萬物的各種孔竅，因而發出的聲音，人籟是吹竹管所發出的聲音，然而他卻不知道天籟是什麼？南郭子綦說道：「吹萬不同，而使其自己也。」原來無論大自然有多少豐富的聲音，人世間有多少不同觀點的表述，連同蘇軾喜好的那一場雨到底是怎麼來的？其實都是自然天機的發動。這股動能，幽玄飄渺，東坡追索至此，眞是無以名之，於是思緒從冥冥太空疾速又回到了地面，看著好朋友們，他隨即當眾宣布：給這新砌的亭子取名爲「喜雨亭」。

蘇東坡有個好習慣，喜歡記錄快樂的事情，他有時也會陷入玄想，讓思緒上天下地追索一番，但終究還是會回到現實，因此他永遠是我們所熟知的那個熱愛塵世的蘇東坡。

附錄原文

喜雨亭記

亭以雨名，志喜也。古者有喜，則以名物，示不忘也。周公得禾，以名其書；漢武得鼎，以名其年；叔孫勝敵，以名其子。其喜之大小不齊，其示不忘一也。

予至扶風之明年，始治官舍。為亭於堂之北，而鑿池其南，引流種木，以為休息之所。是歲之春，雨麥於岐山之陽，其占為有年。既而彌月不雨，民方以為憂。越三月，乙卯乃雨，甲子又雨，民以為未足。丁卯大雨，三日乃止。官吏相與慶於庭，商賈相與歌於市，農夫相與忭於野，憂者以喜，病者以愈，而吾亭適成。

於是舉酒於亭上，以屬客而告之，曰：「五日不雨可乎？」曰：「五日不雨則無麥。」「十日不雨可乎？」曰：「十日不雨則無禾。」「無麥無禾，歲且薦飢，獄訟繁興，而盜賊滋熾。則吾與二三子，雖欲優游以樂於此亭，其可得耶？今天不遺斯民，始旱而賜之以雨。使吾與二三子得相與優游以樂於此亭者，皆雨之賜也。其又可忘耶？」

既以名亭，又從而歌之，曰：「使天而雨珠，寒者不得以為襦；使天而雨玉，飢者不得以為粟。一雨三日，緊誰之力？民曰太守。太守不有，歸之天子。天子曰不然，歸之造物。造物不自以為功，歸之太空。太空冥冥，不可得而名。吾以名吾亭。」

樂神的後代——〈菜羹賦〉

去年底，我閱讀了一本很有意思的小說，那是距今一百年前，日本女作家岡本加乃子的名作《老妓抄》。其中有一個短篇名爲〈食魔〉，故事說道：有一位廚藝高超的大師傅鼈四郎，在富裕人家的矮簷下憋屈地教導兩名不成材的千金小姐練習廚藝。每次上課，用的都是很好的食材，而且用完即丟棄，毫不吝惜。可憐的是，一旦鼈四郎回到自己的家，便窮到揭不開鍋蓋。這一天，他獨自坐在和式房裡，全家僅剩一條白蘿蔔。雖然這是再平常不過的食材，但大廚師有的是辦法，他先將一部分的白蘿蔔切成細絲，並且做成了醋泡白蘿蔔絲。接著再將另一部分的白蘿蔔切成圓片，用柴魚高湯燉成關東煮。最後將剩餘的白蘿蔔切成魚的形狀，放下去火烤，另外還順便做了一鍋白蘿蔔火鍋。書上說：「他有他堅持的一面，如果面對的是豐富的食材，他就會滿足於某種食材，如果面對的是寒酸的食材，他就會非常講究形式美。」

一條蘿蔔，竟然能夠變化出如此豐盛美味的多樣料理。不得不令人讚嘆，原來這世界上的好廚師，都是餐桌上心靈手巧的魔術師。而眞正的飲食藝術，也不見得需要在食材上極力追求罕見與珍貴，重要的是廚藝家對食材有透澈的認識，以及他本身具備了高度的品味。

在中國古代飲饌文學史上，對食材有細膩地體會，而且品味最高的人，該數蘇東坡吧！巧合的是，他也愛吃蘿蔔，也對燉煮蘿蔔很有心得，甚至還爲此寫了一篇〈菜羹賦〉。所謂的賦體文學，乃是一種形式很特殊的文類，它將散文與詩歌融爲一體，而且非常講究辭藻與音韻，令人讀來字字珠璣，餘香滿口。有趣的是，從漢代以來，賦體文學即充滿了神話與神仙的色彩，內容不僅是虛構的，而且在文句的鋪陳上，作家們往往運用著相當誇張的手法來書寫壯闊的場景。例如：張衡的〈西京賦〉、司馬相如的〈大人賦〉，以及杜牧的〈阿房宮賦〉等等。

然而賦體文學到了蘇東坡的手裡，卻獲得了嶄新的面貌。他以斐然之文采著力書寫「蔬菜羹」這樣一件生活中的小事物，不是西京，不是大人，不是阿房宮，而僅是一碗蔬菜湯，可就是這一碗蔬菜湯，竟然是他在海南島食物短缺時，能夠讓他維持生命的一件大事物！所以它的意義，超過了張衡、司馬相如和杜牧筆下的大人與大事。

東坡處在飢餓的狀態中，卻不斷地在文字的餐盤上，運用排比與對偶來修飾擺盤，再撒上大量重口味的歷史典故，使整篇文章味覺紛繁，層次多樣，每一句話都經過千錘百煉，而每一個段落也都令人回味無窮。在那段缺少食物的日子裡，他「煮蔓菁、蘆菔、苦薺而食之」。所以他吃的是大頭菜、蘿蔔以及薺菜。這些菜的熱量都很低，幾乎零脂肪，也沒有膽固醇，可是都含有維生素C、鈣和鐵。東坡到海南島時，已經六十一歲了，日日吃這些鄰居送的蘿蔔和大頭菜，以及路旁隨處可以採摘的薺菜，眞令人擔心他的營養不夠。

但是無論如何，他眞的吃得很開心！還告訴我們他不用任何調味料，爲的就是吃到食物本身的原味：「其法不用醯醬，而有自然之味。」同時這麼做最大的好處是，食材既容易取得，又不需要添加其他佐料，於是可以常常吃，天天吃，想吃的時候就吃。這是專屬於他那個時期私底下擁有的小確幸。

蘇東坡的蔬菜羹，究竟爲什麼會這麼好吃呢？依據他本人的說法，那是因爲烹調細節還是挺講究的：「汲幽泉以揉濯，摶露葉與瓊根。爨鉶錡以膏油，泫融液而流津。」首先必須用清新甘甜的山泉水來洗滌猶帶露珠的菜葉與潔白如玉的蘿蔔。然後在鍋裡添上膏油，點燃火，而每每到了這個時候啊，他的口水就會止不住流出來呢！接下來「湯濛濛如松風，投糝豆而諧勻。覆陶甌之穹崇，謝攪觸之煩勤。屏醯醬之厚味，卻椒桂之芳辛。」等到湯濛濛地冒起熱氣來，東坡便用「松風」來形容這時的狀態，並且就在這個時候，他提醒道，可以灑上一點米或豆子到湯裡頭，然後蓋上陶鍋，東坡強調：「絕對不要去攪動它。」並且所有的醬、醋、花椒、桂皮等佐料，一概不需要。就這樣等著，等到鍋裡的湯開始咕嘟嘟地滾動時，就趕緊把火吹大！而且一定要保持著這個火勢。這一句話，東坡寫得特別美！「水初耗而釜泣，火增壯而力均。」維持大火直到蔬菜、米、豆都融化在湯裡，變成了一碗濃湯，那時東坡禁不住自賣自誇：「信淨美而甘分」，這麼好的一碗甘醇濃湯！還不趕緊拿出盤碗、筷子來，「具匕箸而晨飧」，這可是從早餐到晚餐最好的美食饗宴呢！

賦體文學寫到這裡，很需要突然翻出一個情緒激昂的高潮：「鄙易牙之效技，超傳說而策勳。沮彭屍之爽惑，調灶鬼之嫌嗔。嗟丘嫂其自隘，陋樂羊而匪人。」蘇東坡才識過人、鋒芒畢露，以至於我經常留意到他在文章裡訕謗嘲諷貶抑古人。

既然這水乳交融、清新甘甜的蔬菜羹，美味程度已經破表，遠遠超過了牛肉、羊肉、魚肉的口感。那麼東坡便要說：我瞧不起易牙，他利用高超的烹調技術，獲得齊桓公的寵信，其成就竟然超過了輔佐商王武丁的傅說。同時他又對道家所說人身上的三屍蟲不以爲然，那上屍彭倨癖好寶物，中屍彭質僻好五味，而下屍彭矯僻好色慾，弄得人迷亂失常，連灶神也嫌棄呢。歷史上還有一個邱嫂，更是要不得！漢高祖劉邦寒微之時，時常帶客人來大嫂家吃飯，大嫂實在厭棄小叔和這些賓客，所以故意說鍋子裡沒有粥了，這是變個法兒下逐客令。唉，這個嫂嫂多小氣呀！還有那戰國時代的魏國名將樂羊子，他的兒子是中山國的將領，兩國打仗時，中山國君烹殺了樂羊的兒子，還煮成肉羹送給他，然而在敵眾我寡的情況下，樂羊竟然飲羹以訣志。這種行爲，還像個人嗎？

東坡一口氣說了這麼多有關飲食的奇譎故事，眞可謂滿腹經綸、學富五車。事實上，他曾在〈海上與友人書〉中說道：「到此抄得《漢書》一部，若再抄得《唐書》，便是貧兒暴富。」原來他不僅是天天讀史書，更是天天抄史書。那眞是大工程！因此能夠旁徵博引，下筆有神！

不過在文章接近尾聲的地方，他的情緒也慢慢平靜下來了，他說：「先生心平而氣和，故雖老而體胖。」算算食物，應該還不用太擔心，只要消除口腹之欲，安於我的蔬菜濃湯，又可以做到不殺生。我就是一個最快樂的人了！古代有一個「樂神」，名喚葛天氏，我總是那麼快樂，我想我應該是他的後代吧！

小小一碗蔬菜濃湯，帶給東坡先生大大的滿足。看著這位樂神的後代，我們還有什麼好想不開的呢？

菜羹賦

東坡先生卜居南山之下，服食器用，稱家之有無。水陸之味，貧不能致，煮蔓菁、蘆菔、苦薺而食之。其法不用醯醬，而有自然之味。蓋易具而可常享，乃為之賦，辭曰：

嗟餘生之褊迫，如脫兔其何因。殷詩腸之轉雷，聊御餓而食陳。無芻豢以適口，荷鄰蔬之見分。汲幽泉以揉濯，摶露葉與瓊根。爨鉶錡以膏油，泫融液而流津。

湯蒙蒙如松風，投糝豆而諧匀。覆陶甌之穹崇，謝攪觸之煩勤。屏醯醬之厚味，卻椒桂之芳辛。水初耗而釜泣，火增壯而力均。滃嘈雜而麋潰，信淨美而甘分。登盤盂而薦之，具匕箸而晨飧。助生肥於玉池，與吾鼎其齊珍。鄙易牙之效技，超傅說而策勛。沮彭屍之爽惑，調灶鬼之嫌嗔。嗟丘嫂其自隘，陋樂羊而匪人。先生心平而氣和，故雖老而體胖。計餘食之幾何，固無患於長貧。忘口腹之為累，以不殺而成仁。竊比予於誰歟？葛天氏之遺民。

恐懼哲學——〈颶風賦〉

距今一千六百年前，那時正值南北朝時代，在南朝宋有一位文筆相當好的官員，名叫沈懷遠，他曾經因爲牽涉到宮廷巫蠱案而幾乎被處決，卻因爲代廣州刺史撰寫了一篇檄文而豁免。他的好文筆救了他一命，不過卻也因爲案情重大而被流放到廣東，並且終孝武帝一朝，不得北歸。

沈懷遠於是長期待在嶺南，深度考察了當地的風土異聞，因而寫下一部專書，名爲《南越志》。我們注意到其中有一紀錄指出：「嶺南經常有颶風。」而且他進一步解釋字義：「颶者，具四方之風也。」沈懷遠在此地住久了，自然知道颶風通常會在每年的五、六月之間發生。

讓我們回到現代，依據美國國家海洋與大氣管理局的解釋，熱帶及亞熱帶水域氣旋規律旋轉的雲團形成封閉的低水平環流。它最弱的時候，被稱爲熱帶低氣壓。然而一旦低氣壓持續增強，使風速達到每小時六十三公里，就會成爲熱帶風暴。如果氣旋達到每小時一百一十九公里或更高的風速，便成爲颶風或颱風。

至於名稱不同，則取決於風暴發生的區域。若是發生在北大西洋、北太平洋中部與東北太平洋，即統稱爲「颶風」。而發源於西北太平洋的，則被稱爲「颱風」。只不過在中文領域裡，颶風一詞早已有之。並且在古典文學世界裡，更重要的是如何描述及形容颶風橫掃過境的駭人景象，以及面對大自然無情肆虐時，個人的情緒管理與精神療癒。

爲此，東坡寫了一篇〈颶風賦〉。同時這一篇文章的作者，在學界還有不同的看法，有人認爲這篇賦是蘇軾的小兒子蘇過寫的。我常想，如果是「過兒」寫的，那就更好了！因爲這篇文章太精彩，讀著教人喘不過氣來！就像深陷在颶風暴雨之中，足見蘇門文章青出於藍。畢竟蘇軾自己也曾得意地說過：「過子詩似翁」、「作文極峻壯，有家法」，而當時人們也稱蘇過爲「小坡」。於是世人分辨不清老坡、小坡的文章，也是很合理的。進一步說，如果不能確定是誰寫的，這篇文章就由他父子二人共同掛名，豈不也是美談？

回到這篇賦，其內容在剖析人們面對陌生事物所心生的恐懼，其實在很大的程度上，是自己嚇自己。於是作者開篇就對自己的恐懼心理，預做了鋪陳。先是有鄰居來蘇家警示，他們說：近來海上氣候不好，北邊有霓虹入海，南邊又望見赤雲夾日，這是颶風來襲的前兆。從這段話中，我們可以看出，古代雖然沒有氣象預報，但是人們能夠觀察當地的天象，以預先判斷氣候的變化。但是東坡作爲外地人，初來乍到，凡事驚心，動不動就像驚弓之鳥一般心生恐懼。所以沒等鄰居的話說完，他就覺得颶風的腳步已踏進了他的門戶。「庭戶肅然，槁葉蔌蔌。驚鳥疾呼，怖獸辟易。忽野馬之決驟，矯退飛之六鷁。襲土囊而暴怒，掠眾竅之叱吸。」東坡感覺到風勢如野馬脫韁，又好像振翅健飛的水鳥，眼前狂風暴怒，並且發出各種不可思議的聲音！東坡趕緊跑回屋子裡去，乖乖地坐好。但鄰居卻說：還沒呢！這個風還小，眞正的颶風還沒來呢！

然而不久之後，颶風眞的瘋狂肆虐而來。它沿路把所有的門窗、屋瓦都擊破，連路邊的巨石和高大的喬木，均無一倖免於難。「排戶破牖，殞瓦擗屋。礧擊巨石，揉拔喬木。」接下來就是作者以一連串排比句，描述他自身的想像與感受：

疑屏翳之赫怒，執陽侯而將戮。
鼓千尺之濤瀾，襄百仞之陵谷。
吞泥沙於一卷，落崩崖於再觸。
列萬馬而並騖，會千車而爭逐。

可怕的颶風就好像雲神正在暴怒！海神也掀起了波濤巨浪。浪濤足足有千尺高，翻過了丘陵和山谷，將泥沙全部吞噬，又以摧枯拉朽之勢擊打著崖壁。東坡閉上眼睛，彷彿看見戰場上千軍萬馬正奔騰而來。這般景象，連虎豹都會膽戰心驚，海底的大鯨魚恐怕也會嚇得無處奔逃⋯⋯。此時此刻，熟讀史書的蘇軾直覺這裡就是古戰場啊！「類鉅鹿之戰，殷聲呼之動地；似昆陽之役，舉百萬於一覆。」東坡嚇得毛骨悚然！他說自己一個晚上搬了九次床鋪，感覺睡在哪裡都不安生。而且一天占卜三次，就是不知未來命運如何？

幸好三天之後，颶風終於停息。左鄰右舍，父老鄉親們都來看他，蘇家忙忙地置辦酒菜來招待眾人。東坡大概會覺得有點奇怪，怎麼這裡的住戶都如此淡定？大概是最令人恐懼的時刻已經遠去，所以這裡的人們便放鬆心情，彼此閑話家常。颶風過去之後，最重要的事莫過於整頓家園。補茅屋、修牆垣，東坡和大家一樣地忙碌。但是到了晚間，夜闌人靜時分，他望著遼闊的蒼穹，和天邊光熒熒的皎月，東坡又開始思考了。想著想著，似乎有所領悟，又還有某些地方沒有想明白。唉，此時這個世界竟然如此平靜，就像什麼事都沒有發生過一樣。而幾天前的那一場颶風，眞的很巨大，也眞的很恐怖嗎？或許我們可以換個角度看颶風。每當我輕輕吹著螞蟻時，牠就會搖搖欲墜；而我只要對蚊子微微地呵氣，牠必定立即飛走。而我不管是輕輕地吹，或是微微地呵，都不可能撼動什麼，唯獨對這兩隻小蟲子有影響罷了。那麼所謂的颶風，會不會僅是某人在輕微地吹著氣？

東坡所想的，還是莊子。〈逍遙遊〉云：「《諧》之言曰：鵬之徙于南冥也，水擊三千里，摶扶搖而上者九萬里，去以六月息者也。」我們看颶風，就像書中的大鵬，水擊而三千，摶扶搖而九萬，他所激起的巨浪與氣旋，使渺小的我們備感驚駭。反觀蜩與學鳩卻說：「我決起而飛，搶榆枋，時則不至而控于地而已矣⋯⋯。」蜩與學鳩不能領會大鵬恢宏的境界，如同那螞蟻與蚊子看人類呵氣，便生出無限的恐懼，其道理是一樣的。只不過呵氣一事，若是換成人類的角度來看，相信也不過就是換來莞爾一笑吧。原來只是看待事物的角度不同而已。如果沒有想通這一層，我們的心，就很容易被外物所影響，就很可能一個晚上換九個地方也睡不著。倘若心定下來了，把我們自己想像成是那隻小螞蟻，而且那麼厲害的颶風，卻在三天之後無影無蹤，只留下一個平靜的世界，可知世間萬象就如同過眼的煙雲，又像是空中打了個雷電，我們又何須為此而感到恐懼呢？

東坡想通了，他緩緩地站起來，覺得自己可以回屋裡好好地睡上一覺。「想通是想通了，只可惜，有些太晚了。」他喃喃自語地說。

一千年前，蘇東坡的嶺南颶風初體驗，只因氣象科學還不發達，於是文人以哲學式的思考，來為自己找到一個安頓心靈的家。如今科學昌明，諸多天文地理現象都已獲得解釋，但我們還是可以在永恆的哲學天地裡，上下求索，相信一定能夠找到那個說服自己不再害怕的好理由。

颶風賦

《南越志》：熙安間多颶風。颶者，具四方之風也，嘗以五六月發。未至時，雞犬為之不鳴。又《嶺表錄》云：秋夏間有暈如虹者，謂之颶母，必有飄風。

仲秋之夕，客有叩門指雲物而告予曰：「海氣甚惡，非祲非祥。斷霓飲海而北指，赤雲夾日而南翔。此颶風之漸也，子盍備之？」語未卒，庭戶肅然，槁葉蔌蔌。驚鳥疾呼，怖獸辟易。忽野馬之決驟，矯退飛之六鷁。襲土囊而暴怒，掠眾竅之叱吸。予乃入室而坐，斂衽變色。客曰：「未也，此颶之先驅爾。」少焉，排戶破牖，殞瓦擗屋。礌擊巨石，揉拔喬木。勢翻渤澥，響振坤軸。疑屏翳之赫怒，執陽侯而將戮。鼓千尺之濤瀾，襄百仞之陵谷。吞泥沙於一卷，落崩崖於再觸。列萬馬而並騖，會千車而爭逐。虎豹懾駭，鯨鯢犇蹙。類鉅鹿之戰，殷聲呼之動地；似昆陽之役，舉百萬於一覆。予亦為之股慄毛聳，索氣側足。夜拊榻而九徙，晝命龜而三卜。蓋三日而後息也。父老來唁，酒漿羅列，勞來僮僕，懼定而說。理草木之既偃，輯軒檻之已折。補茅屋之罅漏，塞牆垣之隤缺。已而山林寂然，海波不興，動者自止，鳴者自停。湛天宇之蒼蒼，流孤月之熒熒。

忽悟且嘆，莫知所營。嗚呼！小大出於相形，憂喜因於相遇。昔之飄然者，若為巨耶？吹萬不同，果足怖耶？蟻之緣也吹則墜，蚋之集也呵則舉。夫噓呵曾不能以振物，而施之二蟲則甚懼。鵬水擊而三千，摶扶搖而九萬。彼視吾之惴慄，亦爾汝之相莞。均大塊之噫氣，奚巨細之足辨？陋耳目之不廣，為外物之所變。且夫萬象起滅，眾怪耀眩，求彷彿於過耳，視空中之飛電。則向之所謂可懼者，實耶虛耶？惜吾知之晚也。

吾喪我——〈桄榔庵銘〉

南郭子綦隱几而坐，仰天而噓，荅焉似喪其耦。顏成子游立侍乎前，曰：「何居乎？形固可使如槁木，而心固可使如死灰乎？……」子綦曰：「偃，不亦善乎，而問之也！今者吾喪我，汝知之乎？」

每回讀〈齊物論〉，我都覺得，人遲早要走到這個境地——吾喪我。有一天我們都會不那麼在乎天與地的差別、人間的是非寵辱，也不再對私慾那麼熱衷，總之，物我兩忘，一切都沒有什麼差別了。

我不知道自己何時才能進入這樣的修爲？卻在蘇東坡的〈桄榔庵銘〉這篇文章裡，看到了他逐步進入「吾喪我」的過程。紹聖四年（西元一〇九七年），蘇東坡再次被貶，他從廣東惠州渡海至海南島。剛來到儋州時，住在廢棄的官屋裡。官屋雨天嚴重漏水，蘇軾與小兒子過著「風雨睡不知，黃葉滿枕前」的生活。不久之後，軍使換了張中，他是熙寧三年第四名的進士，因此亦是滿腹經綸，很有文采。張中很仰慕蘇軾，於是派兵修整倫江驛，讓蘇軾父子有較好的住處。然而朝廷中自有人不想讓蘇軾活命……。

紹聖五年四月，湖南提舉董必在雷州得知東坡居住在驛館，立刻派人去將東坡父子逐出，還連帶張中也被罷黜，後來因而致死。

東坡父子無處可去，幸好當時有個讀書人名叫黎子雲，他出借舊房子讓東坡暫時居住。先生此時只得想辦法傾囊買地結茅廬，爲求免於餐風露宿。一代文豪困厄至此，卻還寫信給朋友說：「置之不足道，聊爲一笑而已。」

不過，在蓋房子的時候，東坡確實是很感動的：「儋人運甓畚土助之」，很多鄉親鄰里居民都來幫忙了，更令人感動的是，有些學生爲了來請益學問，便是卯足了勁，充當勞役，但求先生教誨。有學生甚至於從潮州來到此地，就爲了幫先生的忙，做的事比一般奴僕還多，目的也只是爲了親近東坡先生。

終於在大家的同心協力互助合作之下，三間茅屋蓋好了。屋子坐落在熱帶喬木的桄榔樹林中，東坡先生親題「桄榔庵」，還寫了一篇〈桄榔庵銘〉。在序文中，他很淒慘地告訴我們，這篇文章是摘了葉子來書寫的：「東坡居士謫於儋耳，無地可居，偃息於桄榔林中，摘葉書銘，以記其處。」

關於寫在葉子上，這個情況，讓我們先來談一談「銘」這種文體的特色。相信大家都讀過劉禹錫的〈陋室銘〉，作者託物言志，重點就是要告訴我們：陋室其實不陋，「斯是陋室，惟吾德馨」。所以「銘」這種文體帶有歌頌或自我惕勵之意。它是形式可以比較鬆散的韻文體，並且常常不是寫在竹簡或紙張上的。我們知道最早的銘文乃鑄刻於青銅器。時間點大約是商末到西周，例如很著名的商湯盤銘，其中有「苟日新，日日新，又日新」之句，就是一種勉勵文。其他的銘文也有記載祀典、征伐、圍獵等事。到了秦、漢以後，銘文又常刻於碑石上，例如：班固的〈封燕然山銘〉與張載的〈劍閣銘〉。

如今東坡將銘文寫在葉子上，雖然是非常時期，退居於蠻荒之境，不得已而為之的事，但它同時也呼應了銘文早期鑄刻於物件，以誌不忘的精神。只是這一回，那物件不是代表國家民族的不朽青銅器，也不是傳頌千古、萬代流芳的巨型石碑，而只是一片飄零的落葉，僅僅是這片落葉，便承載了東坡先生飄零而脆弱的晚年生涯。

他在這片落葉上訴說著苦難：「百柱屓贔，萬瓦披敷。上棟下宇，不煩斤鈇。日月旋繞，風雨掃除。」這片原始廣袤的桄榔樹，每一株都是我的房柱；那數萬片的垂葉，就是我的屋瓦。我仰頭即看見日月。風雨一來，就為我打掃了庭院。東坡在此告訴我們，他風雨飄搖的一生，此刻已來到了荒野露宿，不可能更糟的地步了。

海南島是熱帶季風海洋性氣候，夏季酷熱，冬不嚴寒，年平均氣溫較高，而且多熱帶氣旋。東坡說：在這裡呼吸都有海風的氣息，也有林間的瘴癘之氣。在那原始茂密的桄榔林中，可以想見，到處都是蛇蟲鼠蟻，甚至經常有野獸出沒。我們一般人很難在這樣的地方好好地生存下來。可是東坡卻說：「蝮蛇魑魅，出怒入娛。習若堂奧，雜處童奴。」這些林間的野生動物，快樂的時候就來，生氣的時候就走，習慣得就像在自己家裡一樣，而我也把牠們當成自家的小童奴。事實上，海南島的野生動物確實很多，也很特殊。有海南坡鹿、純黑的長臂猿、灰色的孔雀雉，也有像雲豹這樣的猛獸，以至於巨大的蜥蜴、蟒蛇……，還有密密麻麻的弓背蟻、黃猄蟻，以及椰子貓、鼯鼠等等。不知道東坡當年都看見了哪些不知名的動物？在他的桄榔庵裡登堂入室，穿街走巷。

他為什麼能夠這樣處變不驚呢？「東坡居士，強安四隅。以動寓止，以實托虛。放此四大，還於一如。」他是個修行佛學的居士，能夠將這片原始茂林作為修行場，讓自己攝心守意，制心一處，如如不動。

這使我想起了隋、唐之際的佛教經典論著《大乘起信論》有所謂「一心開二門」。「一心」能含攝萬法及宇宙萬有，特別在虛實、動靜的體會上，認為這不是對立，不應作二分。虛有虛的美感，實有實的把握，重要的是，修行之人能夠領悟到「動如靜，靜如動」的殊勝境界。東坡在此打坐，在此修行，他已經體會到「東坡非名，岷峨非盧。鬚髮不改，示現毘盧。」他宣稱：「我已離去，在這裡的這個人已經不是東坡。」而當年他熱中塡詞的時候，曾有〈滿庭芳〉：「歸去來兮，吾歸何處，萬里家在岷峨。」那時他希望回到他的家鄉岷山與峨眉山，也就是四川。可如今東坡既已不是東坡，那麼岷峨亦非其廬，也就沒有所謂的家鄉了。儘管他看起來，外表沒有什麼改變，不過近來他常見到釋迦牟尼佛。他明白了，此時已經走到「無作無止，無欠無餘」的人生階段。塵世與他已無瓜葛，他不必再有任何作爲，也不會再遭受到更大的災難，生命並沒有欠缺，當然也沒有盈餘。

此刻他看起來就像〈齊物論〉裡的南郭子綦，「隱几而坐，仰天而噓，荅焉似喪其耦」。使得顏成子游驚訝地問道：「形固可使如槁木，而心固可使如死灰乎？」形如槁木而心如死灰的蘇軾最後說道：「生謂之宅，死謂之墟。」我安坐在此桄榔庵，活著，這裡是我的住宅；死了，這裡是我的墳墓。三十六年了，漫長的仕途啊！

我相信先生不曾後悔，只是沒有想到自己最終會在這蝮蛇魑魅逡巡穿梭的洪荒之地，眞正學會了放下自我、放下一切。

桄榔庵銘

東坡居士謫於儋耳，無地可居，偃息於桄榔林中，摘葉書銘，以記其處。

九山一區，帝為方輿。神尻以遊，孰非吾居？百柱屓贔，萬瓦披敷。上棟下宇，不煩斤鈇。日月旋繞，風雨掃除。海氛瘴霧，吞吐吸呼。蝮蛇魑魅，出怒入娛。習若堂奧，雜處童奴。東坡居士，強安四隅。以動寓止，以實托虛。放此四大，還於一如。東坡非名，岷峨非廬。鬚髮不改，示現毘盧。無作無止，無欠無餘。生謂之宅，死謂之墟。三十六年，吾其捨此，跨汗漫而游鴻濛之都乎！

因惡疾而得仙道——〈藥誦〉

如果我們身體不適，到醫院去看診，醫生除了診治與開藥之外，多半還會囑咐我們對於哪些食物應該忌口。最近有一位朋友跟我說：「完了！醫生叫我忌口的食物，剛好都是我最愛的！怎麼辦？」看她說話的表情，好像已經感覺到未來的人生是黑白的……。

蘇東坡患病的時候，其實也一樣，突然之間，這個不能吃，那個也不能吃。如此熱愛烹調藝術與創新料理的美食家，要怎麼面對這樣殘酷的現實呢？為此，他寫了一篇自我勉勵的文章〈藥誦〉。我們一起讀過之後，說不定會更懂得如何鼓勵自己，讓身心更健康！

其實東坡一直患有痔漏症，最嚴重的病發時期，是在大家都想不到的時候。他在烏臺詩案發生時，認為自己快沒命了，他一直想像著面對劊子手的恐怖場景。當時在牢獄之中，他極度地緊張、惶恐與絕望，天天籠罩他的是精神上莫大的壓力，這種折磨，我們一般人恐怕很難體會。直到他發現自己竟然沒有被判處極刑，雖說大難不死，但我想他應該覺得自己已經死過一次了。接著他被一連串地貶謫，儘管越貶越遠，然而他在心情上卻是較爲放鬆的，因爲貶得愈遠，他愈知道自己是不會死了。「既逾年無後命，知不死矣。」

紹聖元年（西元一〇九四年），蘇軾被遠遠地貶謫至惠州。來到廣東，曾經令他恐慌的生死關頭已經離他遙遠，卻沒想到在就這個時候舊疾嚴重復發。「然舊苦痔，至是大作，呻呼幾百日。地無醫藥，有亦不效。」當時廣東那一帶，沒有藥來治療，就算聽信一些偏方，最終也是無效。

沒奈何，東坡聽從了道士的建議：「道士教吾去滋味，絕葷血，以清淨勝之。」葷血是指葷腥的食物，也就是說東坡應該屏除葷食，改吃素。這是什麼道理呢？原來那道士對東坡說，這種病是因爲體內有蟲，所以如果吃得好，就是在養蟲。於是東坡自即日起，「旦夕食淡麵四兩，猶復念食，則以胡麻、茯苓麵足之。飲食之外，不啖一物。」理由還是那一套，宿主身體沒有營養了，那寄生蟲就會離開。「主人枯槁，則客自棄去。」

東坡改吃素食的時候，每天除了很簡素的麵條之外，還補充了胡麻與茯苓。而胡麻就是芝麻，它的營養成分很不錯！除了脂肪、蛋白質、醣類之外，也有很豐富的纖維、卵磷脂，以及維生素B群等等。而李時珍在《本草綱目》裡也記載了芝麻味甘、性平，是可以滋養身體的食材。此外，還有潤膚、補血、明目等效用。現代醫學還發現食用芝麻可以降血糖，以及降低血液中的膽固醇含量。

至於茯苓，既是好食材，也是好藥材。尤其是在東坡所處的嶺南一帶，廣東人經常以茯苓來煲老火湯。因爲當地氣候潮溼又炎熱，以至於粵人喜愛喝湯來滋補養生。於是他們將各種蔬菜水果和肉品，以及像是茯苓一類的中藥材，放進鍋子裡，熬上好幾個鐘頭，以煲出老火湯來。同時茯苓也可以做成糕餅或麵食。它的好處是可以治療心悸和胸脅逆氣等症狀，所以久服可以安魂、養神，不過我想東坡在惠州常吃茯苓麵，主要還是為了耐飢。

而改變飲食習慣之後，橫亙在東坡眼前最大的問題，是如何持之以恆？我們到目前為止，還沒有談到這篇文章最精彩之處，是在它的破題：「嵇中散作〈幽憤〉詩，知不免矣，而卒章乃曰『采薇山阿，散髮巖岫，永嘯長吟，頤性養壽』者，悼此志之不遂也。」嵇康當年「越名教而任自然」的性格，不為當權所容。他豪放不羈，氣節坦蕩，幾番與權貴抗衡的姿態，在三千太學生的心目中，早已奠定了英雄的形象，尤其是最後一曲〈廣陵散〉，更將他推上了偶像級的高峰地位！連八百年後的蘇東坡都成了他的粉絲。

東坡說：司馬昭殺了嵇康之後，曾經感到後悔，倘使他在殺害嵇康之前就知道後悔，那麼嵇康就可以免於死刑。這背後的潛臺詞是：「和我一樣，死裡逃生。」假設嵇康沒有死的話，他會做什麼呢？東坡以自己的心境，代替他回答：「吾知其掃跡滅景於人世，如脫兔之投林也，采薇散髮，豈其所難哉？」嵇康／東坡一定會瞬間消失在人間，走得乾乾淨淨，無影無蹤。就像逃脫的兔子，一下子就鑽到廣大的樹林裡，消失不見。到那時，隱逸山林，采薇散髮，這才是東坡心目中的嵇康，其實也是東坡心目中最理想的自我。那個自我，飄逸得就像神仙！

可如今，他病得那麼難受，還談什麼神仙？其實蘇東坡也是懂醫藥的，他看過唐代孫思邈的《備急千金要方》，就在這本書的〈痔漏方・惡疾大風第五〉中，有一段話說：什麼是神仙？祂們都是因爲得病了以後，才成爲神仙的。「孫眞人著〈大風惡疾論〉曰：《神仙傳》有數十人，皆因惡疾而得仙道。」爲什麼得病之後，反而成仙了呢？答案就在於他們願意澈底改變過往的飲食習慣與生活作息。他們不再熬夜，不再應酬，也割捨了塵世間許多煩累，讓自己重回簡樸自然、清淡寡欲。「割棄塵累，懷潁陽之風。」所謂的潁陽之風，是指唐堯時代，有一位高士許由曾在潁川之陽隱居。東坡非常嚮往這類人，都是傳說中神仙一流的人物。於是他每天告訴自己三遍：你忘了曾經受過的苦嗎？如果有一天眞的惹來像嵇康那樣的殺身之禍，到那時，再怎麼想要過著「采薇散髮，永嘯長吟，頤性養壽」的隱士生活，也不能夠了！「使汝不幸而有中散之禍，伯牛之疾，雖欲采薇散髮，豈可得哉？」

其實我倒是注意到《備急千金要方》裡的另一段話，他說很多病人：「口順心違，不受醫教，直希望藥力，不能求己，故難療易療，屬在前人，不關醫藥。」病能不能夠醫好，關鍵不在醫藥而在人。「所以現在就給我乖乖地吃胡痲、麵食和茯苓。而且要持之以恆！」東坡要對自己嚴格管理，而且更進一步自我要求：「有時而匱兮。有則食，無則已者，與我無既兮。」這幾樣食物，也不是天天都有的，能吃得到，就該珍惜；吃不到，也不要太在意。

這篇文章寫著寫著，他終於領悟了，什麼是養生之道呢？東坡吟唱起來：「事無事之事，百事治兮。味無味之味，五味備兮。」從容、淡泊、無爲，可以澄心養性，使我們知足常樂。

我決定從今天起，將這段小歌當成我的座右銘。附帶一提：東坡身上的小蟲，不久之後就眞的離去了。

藥誦

嵇中散作〈幽憤〉詩，知不免矣，而卒章乃曰「采薇山阿，散髮巖岫，永嘯長吟，頤性養壽」者，悼此志之不遂也。司馬景王既殺中散而悔，使悔於未殺之前，中散得免於死者，吾知其掃跡滅景於人世，如脫兔之投林也，采薇散髮，豈其所難哉？孫真人著〈大風惡疾論〉曰：《神仙傳》有數十人，皆因惡疾而得仙道。何者？割棄塵累，懷潁陽之風，所以因禍而取福也。吾始得罪遷嶺表，不自意全，既逾年無後命，知不死矣。然舊苦痔，至是大作，呻呼幾百日。地無醫藥，有亦不效。道士教吾去滋味，絕薰血，以清淨勝之。痔有蟲館於吾後，滋味薰血，既以自養，亦以養蟲。自今日以往，旦夕食淡麵四兩，猶復念食，則以胡麻、茯苓麵足之。飲食之外，不啖一物。主人枯槁，則客自棄去。尚恐習性易流，故取中散真人之言，對病為藥，使人誦之曰三。曰：東坡居士，汝忘逾年之憂，百日之苦乎？使汝不幸而有中散之禍，伯牛之疾，雖欲采薇散髮，豈可得哉？今食麻、麥、茯苓多矣。居士則歌以答之曰：事無事之事，百事治兮。味無味之味，五味備兮。茯苓、麻、麥，有時而匱兮。有則食，無則已者，與我無既兮。嗚呼噫嘻！館客不終，以是為愧兮。

霏霏·飄飄·猗猗·裹裹——〈文與可飛白贊〉

很好看的電視劇《清平樂》，劇中主角宋仁宗親自教導曹皇后書寫「飛白體」，一時間，後宮爲之風靡！其實這段劇情是有考證的。歐陽修《歸田錄》云：「仁宗萬機之暇，無所玩好，惟親翰墨，而飛白尤爲神妙。」事實上，宋代的皇帝，包括神宗、徽宗等，在書法造詣上，都好飛白。

不過，如果上述劇情能讓帝后共同揮毫寫大字，那就更無可挑剔了，因爲這樣更符合事實。原來中國書法到了宋代以後，開始出現尺幅很大的掛軸。不僅是書法，我們若是考察繪畫界，那就更明顯了。例如大家所熟知的故宮國寶「谿山行旅圖」、「早春圖」、「萬壑松風圖」等都是巨大的掛軸。而尺幅大了，書法的線條也就跟著粗了，爲使擘窠書也具有靈動的美感，當時的書法家們很講究墨色的變化，他們避免只用濃墨而使得整幅字顯得單調沉悶。飛白體於是大受歡迎！雖然這種字體的書寫起源於漢代，盛於唐朝。但卻是宋人將飛白的美學在理論與實踐上，都發揮到了極致。

宋代不僅從仁宗至徽宗都好飛白，連同文人們也很看重在行草書寫的過程中，書法家們運用飛白所展現的蒼勁力道與線條節奏感。蘇東坡就是其中之一。他觀賞表哥文與可的書法，讚嘆之餘，寫下一篇〈文與可飛白贊〉。然而這篇文章一開頭就是：「嗚呼哀哉！」四個字。這是因爲在文與可過世一年後，蘇軾才偶然發現了他的手跡，一時間百感交集，既思念又驚訝於他的藝術造詣竟如此高明！於是寫下這篇贊文。而自古以來，頌贊一類的文體，都不需要銘刻於器物之上，並且形式自由，可以寫散文，也可以是韻文，重點是要褒揚人物，要頌讚某人的事蹟。雖說韻散不拘，然而東坡在這篇文章裡，依然運用了極富韻律感的排比句，他以大自然的輕雲、長風、游絲、流水來形容文與可空濛輕纖、如輕霧薄霞般的飛白體：

霏霏乎其若輕雲之蔽月，
翻翻乎其若長風之卷旆也。
猗猗乎其若游絲之縈柳絮，
裊裊乎其若流水之舞荇帶也。
離離乎其遠而相屬，
縮縮乎其近而不隘也。

第一句「霏霏乎」是輕雲之貌，昔日曹植在〈洛神賦〉裡曾有「髣髴兮若輕雲之蔽月」。所以蘇軾這一句話，實則脫胎自〈洛神賦〉。因此飛白與美人一般，在淡墨露白之中，給人飄逸的美感。事實上，早在唐代張懷瓘專門品鑑書法的著作《書斷》裡，我們已經看到唐人形容飛白的美，正在於如雲似霧，張懷瓘說：「淺如流霧，濃若屯雲。」

至於第二句「翩翩乎」，則蘇東坡盛讚文與可筆勢翻飛，如長風猛烈，將旌旗下方的掛飾捲得高遠飛揚。這眞是一幕動感十足的描寫啊！而且也是書法家強勢運筆時，最動人的藝術呈現。並且又與上一句輕雲蔽月互相對照，呈現出飛白體迴異的美感。

到了第三句「猗猗乎」句，意即柔弱而牽連不斷的意思。蘇軾描寫文與可的飛白有時看來似斷實續，像是「游絲之縈柳絮」。那春天的游絲啊，柔軟而纏綿，它縈繞著隨風飄搖的柳絮，彷彿是呢喃，又像是有道不盡情牽意惹的宛轉情態。

以至於第四句「褭褭乎」，東坡藉由流水與水草共舞，雙雙搖曳生姿，來形容文與可飛白的裊娜姿態。不由得令人想起了杜甫的詩句：「水荇牽風翠帶長。」

其後兩句「離離乎」、「縮縮乎」是在說明文與可書法字體的間架與結構疏密有致。「其遠而相屬」，就算筆畫之間距離遠，卻仍然有其內在緊連的關係。而即使兩筆畫之間靠得很近，也不會讓人覺得有逼仄之感，所以說：「其近而不隘」。

蘇東坡撰寫這篇贊文，主體一共就是這六行文句，蘇軾運用這六行文句，從走筆用墨到字體結構，全面讚揚了文與可的飛白書法藝術。但我們同時也都驚覺蘇軾實在文采過人，同時他也精通書法美學，因此能夠以形象生動的優美辭藻來具體描畫他眼中的優秀作品。

蘇軾凝視著文與可的遺作，心中一定很自責：「我怎麼到現在才知道，他的字寫得這樣好！他都已經離開人世整整一年了。」我想每一個人的好，都是挖掘不完的。只可惜，愈是親近的人愈看不分明。有時非得隔著生與死的遙遠距離，再回眸，這時才能發現他的好。

附錄原文

文與可飛白贊

嗚呼哀哉！與可豈其多好，好奇也歟！抑其不試，故藝也。始余見其詩與文，又得見其行草篆隸也，以為止此矣。既沒一年，而復見其飛白。美哉多乎，其盡萬物之態也！霏霏乎其若輕雲之蔽月，飜飜乎其若長風之卷旆也。猗猗乎其若游絲之縈柳絮，裹裹乎其若流水之舞荇帶也。離離乎其遠而相屬，縮縮乎其近而不隘也。其工至於如此，而余乃今知之。則余之知與可者固無幾，而其所不知者蓋不可勝計也。嗚呼哀哉！

《三國演義》與蘇東坡——〈的盧馬〉

東漢建安六年（西元二〇一年），劉備在今天的河南汝南市附近，被曹操給打敗了。他於是往南逃，去投奔荊州劉表，這個地方大約是在今天湖北的荊州市。劉表對待劉備表面上相談甚歡，實際上也並沒有特別厚待，他只讓劉備往北去駐紮在新野，而新野這個地方，卻是在今天的河南南陽市。我們從地理位置來分析，劉備當初往南逃，爾後劉表又將他往北調，於是我們明白了，當年劉表只是利用劉備來作爲他北邊的臨時屏障。

此外，劉表寵愛後妻蔡夫人，連帶地就想要廢長立幼。這件事情，劉備曾經勸阻過，卻不巧被蔡夫人偷聽到了。於是蔡夫人興起了殺劉備的念頭。她找來弟弟蔡瑁，讓他在襄陽請劉備赴宴，然後伺機行動。後來劉備於宴會中，藉故更衣，在後院裡，見到劉表手下的一個官員，名叫伊籍，他對劉備洩密，說城外東、南、北三面都有重兵把守，要取劉備的性命。玄德立即飛身爬上他的「的盧馬」。這種馬，在《廣韻》、《玉篇》、《爾雅》、《周易》等各書中，都指稱是「白額馬」。

而記載與說明最詳細的，是《三國志・蜀志・先主紀》裴松之注引《世語》：「備屯樊城，劉表……請備宴會，蒯越、蔡瑁欲因會取備。備……潛遁出。所乘馬名的盧，騎的盧走，墮襄陽城西檀溪水中，溺不得出。備急曰：『的盧，今日危矣！可努力！』的盧乃一踴三丈，遂得過」。按的盧，凶馬名。《相馬經》云：「馬白額入口齒者名榆雁，一名的盧，奴乘客死，主乘棄市，凶馬也」。

相馬的專書上說這種馬往往對主人不利！而劉備此時正要逃命，卻騎上了這匹馬，命運將會如何呢？他一路往西逃，出了城西，面前是一條湍急的大河，名爲檀溪。爲了過河，劉備與的盧馬都深陷在濤濤的急流中，進退兩難，追兵將至，十分危險急難！劉備驚慌得不得了！不斷地揮鞭大呼：「的盧，的盧，妨吾！」說也奇怪，這匹馬可能也意識到自己必須逃生，於是從水中踴躍飛起，竟直接抵達對岸。

的盧馬大約可以從此洗脫凶馬的惡名了吧。而且他這一跳，橫越檀溪已成爲壯舉！不僅救了主人，還帶著主人訪問到水鏡先生司馬徽，司馬徽向劉備推薦了一等一的人才：「今天下之奇才，盡在於此，公當往求之。……伏龍、鳳雛，兩人得一，可安天下。」劉備因而找到了臥龍崗的諸葛亮。看來的盧馬的功勞眞不小，因此牠傳揚於後世的名聲也就不亞於赤兔馬了。

蘇東坡讀史書，很欣賞這匹原本被汙名化的馬。他寫了一首古風〈的盧馬〉，來寄託他對這段歷史的感懷。這首詩的開端很抒情：每到春天的盡頭，在夕陽餘暉中，東坡就感覺自己的青春歲月正在不斷地消耗和流逝，在年復一年宦遊歲月裡，他偶然來到了歷史著名景點檀溪，這時不由得停下馬，獨自徘徊，遙望著對岸。在一陣紛紛灑落的花雨之中，東坡看見了東漢末年龍爭虎鬥的大時代場景。那畫面突然轉換至襄陽的那場宴會上，眼看著劉玄德處境危險，東坡心裡跟著緊張！視線隨他逃出西門，眼見後方追兵將至，而前面是煙水高漲的檀溪。劉備急忙命坐騎往前跳！馬兒不負使命，踏碎了如玻璃一般的浪花，隨著劉備手上響亮的金鞭，在波濤中如天龍一般騰躍高飛！蘇東坡這首詩在此處的描寫，簡直如夢似幻，不僅給人帶來畫面感，同時又讓我們在心底驚起了強烈的震撼！

劉備是將來要稱帝的霸主，那麼他的坐騎一定也是不平凡的龍駒。然而東坡真正想說的是：「檀溪溪水自東流，龍駒英主今何處？」一部《三國志》打得熱鬧，演得非凡！可任憑當年英雄蓋世，到如今都是夢一場。猶如他在〈念奴嬌・赤壁懷古〉中所說的：「大江東去，浪淘盡，千古風流人物。」關鍵語在「浪淘盡」三個字。滾滾的歷史，如大浪滔滔，洗去了千古以來的風流人物。因此東坡得到一個結論：「人生如夢，一尊還酹江月。」

蘇軾這首詩後來被明代的小說家羅貫中所選用，穿插在《三國演義》第三十四回的情節裡，到了清代毛宗崗修定及評點《三國演義》時，曾經將嘉靖本中五首歌詠的盧馬的詩，一口氣刪了四首，卻仍保留蘇軾這一首。然而我們仔細想想，《三國演義》第三十四回所要表現的是劉備英勇奮進，將來結識孔明，又將有一番鴻圖，而蘇軾寫這首詩的感觸在於世事無常，人生猶如幻夢一場，兩者在思維與情感上是不同調的。儘管如此，從羅貫中到毛宗崗，卻都願意將這首詩放在小說裡，我們由此可知，東坡的詩，教人多麼愛不忍釋！

的盧馬

老去花殘春日暮，宦遊偶至檀溪路；停驂遙望獨徘徊，眼前零落飄紅絮。暗想咸陽火德衰，龍爭虎鬥交相持。襄陽會上王孫飲，坐中玄德身將危。逃生獨出西門道，背後追兵復將到。一川煙水漲檀溪，急叱征騎往前跳。馬蹄踏碎青玻璃，天風響處金鞭揮。耳畔但聞千騎走，波中忽見雙龍飛。西川獨霸真英主，坐下龍駒兩相遇。檀溪溪水自東流，龍駒英主今何處？臨流三嘆心欲酸，斜陽寂寂照空山。三分鼎足渾如夢，蹤跡空留在世間。

延伸思考

以快樂為名

當你陷入情緒的泥沼，感覺哀傷或是愁煩時，你覺得做些什麼事，可以讓自己比較快樂？

第三單元

以王道而行

窮措大的心聲——〈措大吃飯〉、〈人生有定分〉

最近同事們在會議之餘，意外地聊起了一六八斷食法，有一位老師卻告訴我們，他自來不需要刻意就過著一六八的生活。因爲每天一早開始忙到過午才有空吃飯，晚間忙到深夜，第二天又是早起，不僅打點孩子上學，自己也得去趕行程了。我很有感觸與共鳴，我們的生活似乎總是忙得不可開交，忙到沒有盡頭，連飯也沒吃好，也經常睡眠不足，而到頭來，其實也未曾享受到什麼榮華富貴。那麼究竟爲誰辛苦爲誰忙呢？我想起了蘇東坡講過的兩個小故事。

第一個故事是〈措大吃飯〉。首先「措大」是古人常用的一個名詞。黃庭堅在《山谷戲筆》中說道：「尚書范文正公爲舉子時作〈虀賦〉，有云：「陶家瓮內淹成碧綠青黃，措大口中嚼出宮商徵羽。」貧困的「窮措大」范仲淹竟然能夠將五顏六色的醃菜，吃出音符般的美妙聲響來！這眞是窮書生的自得其樂啊！事實上在《湘山野錄》等書中，都曾經記載范仲淹少年貧窮的故事：「范仲淹少貧，讀書長白山僧舍，煮粟二升，作粥一器，經宿遂凝，以刀畫爲四塊，早晚取二塊，斷虀數十莖，啗之。」所以，「措大」可以說是貧窮落魄讀書人的代稱。

話說有兩位措大在交談。第一位說：「等我將來富貴發達了，我一定要過著吃飽了就睡，睡醒了再吃，然後又睡，接著又吃……這樣的生活。」第二位馬上反駁，說道：「我和你不一樣！我如果富貴了，我一定要一直吃、一直吃、一直吃……，哪有時間睡覺啊？」東坡說：「我近來遊賞廬山的時候，聽說山裡有個道士，他只顧睡覺，嗜好睡覺，而且在長時間的睡眠中，據說還能領悟道的妙趣！」可是東坡對此不以爲然，直言：這道士還不如那兩個措大，因爲措大實際得多。可見修行者如東坡居士，也贊成吃飯才是人生大事。

而有趣的是，東坡在被貶黃州的時候曾寫過一封書信〈與滕達道書〉，信中自稱：「某閑廢無所用心，專治經書，一二年間，欲了卻《論語》、《書》、《易》，舍弟亦了卻《春秋》、《詩》。雖拙學，自謂頗正古今之誤，粗有益於世，瞑目無憾，往往又笑不會取快活。是措大餘業。」蘇東坡在黃州的時期，身分上就是一個罪犯，最苦的時候，連三餐都不濟。此時唯有精神上的寄託，能夠幫助他度過艱難的處境。於是他自嘲是個窮措大，每日以研究經書爲樂。除了治經之外，實在也不懂得其他的享樂生活。

既然東坡都說自己也是個措大，那麼〈措大吃飯〉這個故事裡那兩個永遠吃不飽、睡不好，還夢想著將來會飛黃騰達的窮酸，大約也算是蘇軾的自我隱喻和調侃吧。

東坡說的第二個故事是〈人生有定分〉。故事裡的主人公以第一人稱的口吻哀告：「我對這個世間無所求，只希望能給我良田二頃，讓我可以吃粥餬口。可是我尋求了這麼久，卻還是在原地踏步。難道是我的人生道路比別人更艱難，因此總是無法達成目標？或者我應該認命，因為人生是有定分，雖然我只是想要吃飽，但是這個目標就像奢望功名富貴一般，不是輕易就能得到的。」

這兩段小文雖然都很淺白，但是讀著讀著，卻令人感受到心中升起一股難以言喻的落寞與壓抑。彷彿是在指涉人到中年所面臨的身心低谷。故事中，那兩個措大始終吃不飽睡不好的對話，和那個不知道該不該就此認分的苦命人，似乎正道出了中年人的心聲：為了工作，經常忍飢挨餓地加班，所以吃飯也就不規律，長期熬夜也會打亂生理時鐘。到頭來，升官加薪也沒什麼指望。其實問題的癥結還在於，我們總是學不會讓自己慢活，不懂得享受當下，而總是以工作效率來自我期許。

於是中年人都很累，扛著重擔與壓力，卻永遠不知道該如何減壓。世界衛生組織曾指出現代人大約是在四十五至五十九歲之間，出現了中年生命高危期。

我想這個時候，就該讀讀蘇東坡的詩文了。或者應該包括金聖嘆，還有林語堂。他們雖然不同朝代，卻同樣具有曠達高遠的心胸，與灑脫清靜的情懷，而且東坡尤甚。他提醒我們：「長恨此身非我有，何時忘卻營營？」是時候，就該還給自己一份自由，那些該忘的就忘了吧。

而且任憑世道艱難，有時如湍急的水流，像瘋狂的颶風，使我們每個人都在深深的無可奈何之中，這時東坡就會告訴我們：「誰怕？一蓑煙雨任平生。」然而也就是在這樣高度壓力的處境中，最難得的是，得提醒自己經常騰出一份閑情來，欣賞生活周遭美好的事物。因此東坡也說過：「何夜無月？何處無竹柏？但少閑人如吾兩人者耳。」

即使眞的吃不飽也睡不好，努力了半輩子仍然達不到預期的目標，最後也還要再聽蘇東坡說一句：「回首向來蕭瑟處，歸去，也無風雨也無晴。」這份平靜、自信與洞見，可是來自於他是個曾經在宦海之中，栽過跟頭又爬起來的人啊！

措大吃飯

有二措大相與言志。

一云：我平生不足，惟飯與睡耳。他日得志，當喫（吃）飽飯了便睡，睡了又喫飯。

一云：我則異於是。當喫了又喫，何暇復睡耶？

吾來廬山，聞馬道士善睡，於睡中得妙。

然吾觀之，終不如彼措大得喫飯三昧也。

人生有定分

吾無求於世矣，所須二頃田以足饘粥耳，而所至訪問，終不可得。豈吾道方艱難，無適而可耶？抑人生自有定分，雖一飽亦如功名富貴不可輕得也？

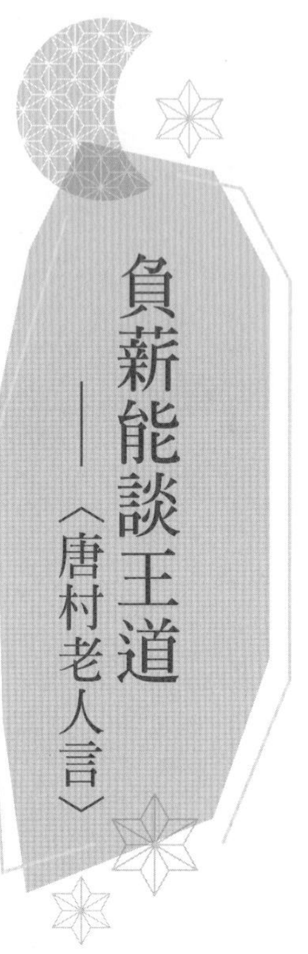

負薪能談王道——〈唐村老人言〉

最近正是插秧的季節，無論是在宜蘭或是花蓮，放眼望去，我都可以看到整片綠油油的水稻田，有時還可看見農夫正運作著插秧機，辛勤地工作著。如果仔細留意，也會發現馬路上有來來往往的小貨車，車上載滿秧苗，從我們眼前經過。據說每一株秧苗到了秋天結穗的時候，最少都能收成一千八百粒晶瑩飽滿的白米！我們碗裡珍貴的米飯，粒粒皆是農夫辛勤勞動的成果。而農夫種田最怕的是天不下雨，還有政府農業政策的巨大變化，因此帶來的負面影響。

蘇東坡在海南島的時候，他的知交黎子雲特地來告訴他一件事。黎子雲說：城北十五里外，有個唐村，村裡有位老先生，名叫允從，今年七十多歲了，他問子雲：「宰相何苦以青苗錢困我？於官有益乎？」這個遠離汴京城千萬里之外，居住在海島上的老人，正在為青苗法所苦。而且他極可能代表著廣大鄉村裡無數農人的心情。

青苗法是王安石熙寧變法中最主要的部分。政府在農家最青黃不接的時候，直接貸款給農民，讓他們去買稻苗，避免這些農民爲高利貸所盤剝，將來還不起，不僅傾家蕩產，賣兒賣女，到最後連土地都可能被豪強給兼併了。宰相王安石頒布青苗法的時候曾經告訴大家，他的目的在於：「以廣蓄積，平物價，使農人有以赴時趨事，而兼并不能乘其急飛。」

不過，政府貸款給農民，還需要收利息二分。針對這一點，王安石也有說明：「因天下之力以生天下之財，取天下之財以供天下之費。」他最大的目的其實也是在解決從宋仁宗以來，國家財政赤字的問題。這裡暴露出，早在宋神宗即位以前，大宋的國庫已經空虛了。《續資治通鑑長編》指出：「自康定、慶曆以來，發諸宿藏以助興發，百年之積，惟存空簿。」所以神宗啓用王安石，就是希望他拿出當年在鄞縣實驗過，並且做得很成功的辦法，來推行到全國。

然而，鄞縣範圍小，好管理，全國的幅員卻很遼闊，於是各地方便出現了種種弊端和怪現象。例如：朝廷雖然規定二分利息，但實際上很多地方會收到八分之息。其次，許多地方官員貸款給農民的過程中，出現了「抑配」的現象。爲什麼他們要指定分配某些農民來貸款呢？因爲中央政府拿這項政績來作爲考核地方官員的標準。這種強制發放貸款給農民的情況，使得老百姓非常困擾！因爲他們有些人並不需要這筆貸款，一旦借貸了，秋收的時候，就必須連本帶利去還錢，結果連僅有的一點盈餘，也賠出去了。

更可惡的是，有些胥吏會冒領青苗錢，然後再轉貸給農民，並且提高利息。還有一種很無奈的情況是，有些農民領到了青苗錢之後，竟然就吃喝玩樂起來！等錢花光了，才驚覺後悔，最嚴重的情況，甚至於到了變賣田產與兒女的地步。令人不勝欷歔！

許多朝臣看不下去了，紛紛上書朝廷，要求廢除青苗法。曾經力挺王安石的涇州通判韓維，在折子上痛陳：「近日畿內諸縣，督索青苗錢甚急，往往鞭撻取足，至伐桑爲薪以易錢貨者。旱災之際，重罹此苦。」

凡此種種，就是海南島唐村老人允從的疑惑與不滿。因此他要問問這位知書達理、明白時政的讀書人黎子雲：「爲什麼宰相要拿青苗錢來爲難我們？這對他們那些大官有什麼好處？」而子雲也很認眞地回答道：「官患民貧富不均，富者逐什一益富，貧者取倍稱，至鬻田質口不能償，故爲是法以均之。」官家擔心老百姓貧富不均，富人放高利貸、兼併土地，於是有錢的人愈來愈富有；而窮人到最後連田也賣了，拿什麼來餬口？所以想出這個青苗法來。

黎子雲一本正經地爲老人解答。沒想到老人竟然哈哈大笑！「貧富之不齊，自古已然，雖天公不能齊也，子欲齊之乎？民之有貧富，由器用之有厚薄也。子欲磨其厚，等其薄，厚者未動，而薄者先穴矣！」貧富不均是自古以來就存在的事實，連老天爺也沒有辦法。這就好像一個器皿的邊壁厚薄不等，於是你想要將厚薄打磨得相當，但就怕厚壁還沒有打薄，薄壁已經穿孔了！

黎子雲告訴東坡這件事是在元符三年（西元一一〇〇年），距離東坡過世，僅剩一年。而東坡這個時候，或許也想起來了，早在二十一年前，他曾經上書請求停發青苗錢。時間再往前推到三十年前，蘇軾爲了青苗法所衍生的種種弊端，大罵宋神宗：青苗法取二分利息，就是國家在放債，就是國家在歛財！你能說不是嗎？「今天下以爲利，陛下以爲義。……天下以爲貪，陛下以爲廉，不勝其紛紜也。」

如今悠悠三十年過去了，他已經被貶謫到了天涯海角，可是就在這天涯海角，卻依然聽到老百姓對新政的批評，沒想到「負薪能談王道」啊！可見海南島絕不是個訊息不通、知識未開化的地方，只是東坡已老，那王安石還比蘇東坡大上十六歲呢，而且他已經過世十四年了！未來的世界會怎麼樣？東坡不會知道了。

唐村老人言

儋耳進士黎子雲言：城北十五里許有唐村，莊民之老曰允從者，年七十餘，問子雲言：「宰相何苦以青苗錢困我？於官有益乎？」子雲言：「官患民貧富不均，富者逐什一益富，貧者取倍稱，至鬻田質口不能償，故為是法以均之。」允從笑曰：「貧富之不齊，自古已然，雖天公不能齊也，子欲齊之乎？民之有貧富，由器用之有厚薄也。子欲磨其厚，等其薄，厚者未動，而薄者先穴矣！」元符三年，子雲過予言此。負薪能談王道，正謂允從輩耶？

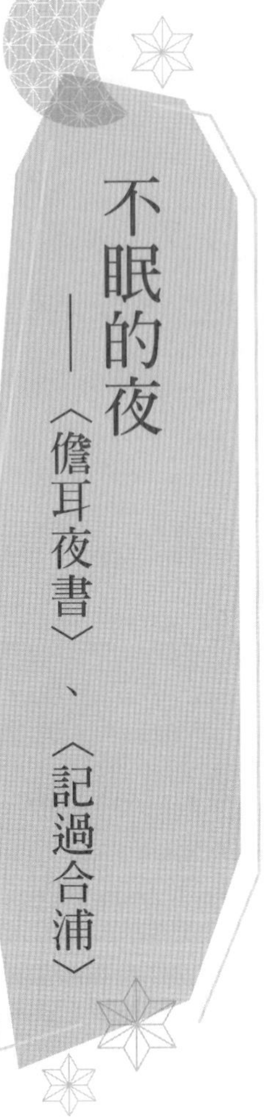

不眠的夜——〈儋耳夜書〉、〈記過合浦〉

每回夜闌人靜，家人都已熟睡的時候，你一個人在想些什麼？在做些什麼呢？大詩人徐志摩半夜聽見了深巷裡的琵琶聲，於是寫下一首詩：「在這夜深深時，/在這睡昏昏時，/挑動著緊促的弦索，/亂彈著宮商角徵，/和著這深夜，荒街。」詩人在樂音中聽見了破碎的希望，像「身上帶著鐵鏈條，/在光陰的道上瘋了似的跳，/瘋了似的笑……。」

散文家朱自清原本「在院子裡乘涼，忽然想起日日走過的荷塘，在這滿月的光裡，總該另有一番樣子吧。月亮漸漸地升高了，牆外馬路上孩子們的歡笑，已經聽不見了；妻在房裡拍著閏兒，迷迷糊糊地哼著眠歌。」於是他悄悄地披了大衫，帶上門出去。沿著荷塘，走進一條幽僻的路，這裡連白天也少人走，到了夜晚，更加寂寞……。

蘇東坡呢？宋哲宗元符三年（西元一一〇〇年）歲在乙卯，我們一定要記得這一年，因爲這是居士在世上的最後一年了。年初元宵節當晚，忽然來了一群老書生，他們說：「如此良宵月夜，先生何不與我們出去遊玩？」東坡高高興興地隨他們出遊。幾個老人，這麼興致勃勃地穿街走巷，到處看熱鬧。他們走出城西門，進入寺廟，又鑽進了小巷，沒想到巷子裡可熱鬧了！有說海南閩語的人，有說粵語的儋州人，還有臨高人、佐隆人、黎族、苗族、壯族等許許多多民族的人，他們經營各式各樣的店鋪商販，我想像著，在年節的氣氛下，眾人沉浸在狂歡盛會裡，東坡和老人們一定逛得極開心！當他再回到家時，已經是深夜。家人早已關門熟睡。

東坡突然放下手杖，呵呵大笑！而且笑得簡直停不下來。如果你問他笑什麼呢？他想回答：「孰為得失？」這人生啊，到頭來，誰真得到了什麼？誰又曾失去了什麼？從前唐朝韓愈認為這裡釣不到魚，那麼他要去更遠的地方釣魚。其實他不知道，那些一心想要釣魚的人，都未必能釣得到大魚啊！

我為蘇東坡多說一句：那些在京城裡殫精竭慮，一心要陷害忠良的高官們，恐怕連做夢都無法理解，東坡遠謫在儋耳，怎麼還能過得這樣充實豐富而且愉快！所以在這世上，誰得誰失？還很難說。

同年六月，宋徽宗即位，向太后垂簾聽政，即召蘇軾北還。東坡乘船登雷州半島後，欲往廣西合浦前進。但是碰上連日的大雨，不僅橋梁被沖斷了，而且到處都在淹水！在大洪水之中，東坡坐著小船來到了官寨。這時所有的水陸交通完全中斷。有人建議他乘海船，沿著海岸線走。於是六月三十日的夜晚，東坡便在海上，仰望夜空，天上沒有月光，卻是星河滿天。小兒蘇過太累，在一旁呼呼大睡，叫也叫不醒。東坡此時突然動搖了意志，他罵自己：「我怎麼會又讓自己走到了絕境？」然後他下意識地摸摸身旁的文稿，那是他近來新寫的篇章，主要是在討論《尚書》、《易經》、《論語》等專著。

在那個海上漂流的夜晚，唯一陪著他的就是這一疊書稿。於是他對書稿們說：「如果你們可以留下來，那就表示老天爺要讓我度過這次的難關。」東坡撫摸著稿子，向上天祈禱……。

今天我們在《東坡志林》裡看見一篇散文〈記過合浦〉，那就表示，那一晚的海上冒險，他眞的又度過了一次生命裡的難關。

儋耳夜書

己卯上元，余在儋耳，有老書生數人來過，曰：「良月佳夜，先生能一出乎？」予欣然從之。步城西，入僧舍，歷小巷，民夷雜揉，屠酤紛然，歸舍已三鼓矣。舍中掩關熟寢，已再鼾矣。放杖而笑，孰為得失？過問先生何笑，蓋自笑也。然亦笑韓退之釣魚無得，更欲遠去，不知走海者未必得大魚也。

記過合浦

余自海康適合浦，連日大雨，橋梁大壞，水無津涯。自興廉村淨行院下乘小舟至官寨，聞自此西皆漲水，無復橋船，或勸乘蜑並海即白石。是日六月晦，無月，碇宿大海中。天水相接，星河滿天，起坐四顧太息：「吾何數乘此險也！已濟徐聞，復厄於此乎？」稚子過在旁鼾睡，呼不應。所撰《書》、《易》、《論語》皆以自隨，而世未有別本。撫之而嘆曰：「天未欲使從是也，吾輩必濟！」已而果然。七月四日合浦記，時元符三年也。

孔子，這個老頭兒——〈孔子誅少正卯〉

我想，少正卯應該是個亦正亦邪的人物。只不過這個人城府很深，對於自己的主張也有強力的說辭，因而顯得非常堅定！最厲害的是他的口才極好，而且學識淵博，又很容易對人廣施恩澤。問題就出在，以孔子的思想與理念，他認爲少正卯所堅持和伸張的道理，全都似是而非，甚至於邪惡乖張！孔子曰：「人有惡者五，而盜竊不與焉：一曰：心達而險；二曰：行辟而堅；三曰：言僞而辯；四曰：記醜而博；五曰：順非而澤。」（《荀子．宥坐篇》）

因此，他殺了少正卯！而且，是在當上大司寇的第七天。並且，將少正卯曝屍三日。「於是朝政七日而誅亂政大夫少正卯，戮之於兩觀之下，屍於朝三日。」（《孔子家語．始誅第二》）

孔子一生的政治理想，在沒有任何官職的情況下，只能靠教育來推廣。然而他在五十一歲的時候，卻得到了大司寇這個顯赫的官職。當時的魯國被季孫、叔孫、孟孫，亦即所謂的三桓所掌握與瓜分，而三家之中，又以季孫氏的勢力最龐大，幾乎掌握了魯國的國政。同時，季孫氏家族的權力又掌握在管家陽虎的手裡。直到陽虎勢力坐大，因而起兵叛亂，雖然最後兵敗，但是陽虎的黨羽公孫不狃卻看上了孔子，只是孔子秉持忠心，不願俯就。這麼一來就得到魯定公的賞識，他讓孔子從中都尉做到小司空，又在齊魯會盟之時，因為精通周禮，而陪同定公出席夾谷大會，於是躍升為大司寇。這個官位，名義上與三桓所世襲的司馬、司空同等級，但實際上孔子還是比不上三桓的位高權重，因此他所任大司寇，至少要比三桓低一級。但不管怎麼說，他還是全國第四位的高官。然而他卻在剛上任的第七天就迫不及待地殺了當時廣受歡迎的超級演說家少正卯。這件事情，不僅引起了孔門弟子質疑的聲浪，而且孔子還費了一番心思與唇舌，對子貢鋪出五大罪狀，相當於思想犯的意思，來試圖說服他的子弟兵。

說到孔子的弟子，當時也有不少人受到少正卯的吸引。漢代王充著《論衡．講瑞》曾提及：「少正卯在魯，與孔子並，孔子之門三盈三虛，唯顏淵不去。」少正卯的思想應該是與孔子對立，有些學者揣測他的思想偏向法家。而孔子與辦私人講學的同時，少正卯也在公開演說，以傳播他的思想。原本孔子的教室曾經高坐滿堂，卻因為大部分的人都被少正卯所吸引而人去樓空，只剩下顏淵依然堅持守著孔子。而且這樣的情況，如是再三。可見少正卯儼然是當時魯國人氣最旺的名嘴了！

我們今天在言論自由的空氣下，恐怕很難想像，一個人會因為自己口若懸河的言論牴觸了當朝的高官，因而慘遭殺害，甚至於被曝屍。而事實上關於孔子誅殺少正卯的評論、引述與借用，從漢代一直延伸到宋、到明清，以至於今。

我們如今只說宋代，最早是一個四川人，他的名字叫龍昌期，此人很是博學，而且也具有驚人的演說能力，以至於千千萬萬的老百姓，甚至於政府高官，都受到他的吸引。只不過古人稱他這種人爲：「以詭僻惑眾」，因爲他的說辭與主流不符，於是歐陽修指他爲：「違古畔道，學非而博」，還進一步強調朝廷沒有對他施以「少正卯之刑」，已經很寬容了，如果有人還建議對他施行封賞，那是萬萬不可的！

接著，就到了蘇東坡所生活的新舊黨爭的年代。那時舊黨人士恨透了王安石手下的黨羽呂惠卿，蘇軾的弟弟蘇轍指呂惠卿：「堯之四凶，魯之少正卯，既非常人，不當復用常法制也。」那時許多舊黨人士，也多以「少正卯」來罵新黨的執政者。後來到了宋寧宗的年代，監察御史胡紘彈劾朱熹，指其不孝其親、不敬於君、不忠於國、玩侮朝廷、哭吊汝愚、爲害風教等，足足有六大罪狀，此外還有「誘引尼姑以爲寵妾」，以及「家婦不夫而孕」等情事。因此請斬首朱熹，以絕朱學，然後他接著說：「熹爲大奸大憝，請加少正卯之誅，以爲欺君罔世、汙行盜名者戒。」這麼嚴重的政治鬥爭，史稱「慶元黨案」。而且連朱熹都被冠以「少正卯」之名了，可見少正卯已成爲以口才便給來傳播自己學術與政治思想者的代名詞。而且這類人物，歷來並不爲主流當權者所青睞，甚至於是被打壓的對象。

現在問題來了，有人問蘇東坡怎麼看待「孔子誅少正卯」這個富有爭議的事件呢？

東坡說：「孔子在魯國當上大司寇才七天，就殺了少正卯，很多人都以爲這動作也未免太快了！唉，我說啊，這個老頭兒大概知道自己命薄，大官是做不久的，如果不先下手爲強，再晚個兩三天，自己說不定就下臺了，那時候豈不輪到少正卯來圖謀自己了？」

東坡一生爲黨爭所苦，但是他並未運用「少正卯」這個符碼來抨擊新黨之士，包括大家都指其爲小人的呂惠卿。蘇軾反而是用一種很銳利的透視眼光，來看穿孔子的心態。雖然後世尊稱孔子爲聖人，但孔子一生既有「子見南子」的爭議，又有「誅少正卯」的是非，這些都足以說明人非聖賢。既然都是凡人，蘇東坡且用「此叟」這個不太尊重的詞語來稱呼孔子，也表示他在這件事情上，對孔子的看穿與諧謔。

東坡眞是個與眾不同的人啊！他愈是被貶謫被迫害，他的心胸愈是開朗寬大，至少我們從未在他的字裡行間看見過他嘲諷汙辱政敵。他總是說：「塞上縱歸他日馬，城東不鬥少年雞。」塞翁失馬，焉知非福；而且我們不要像唐朝那個「五百小兒長」賈昌那樣，成天不讀書，只知道鬥雞，鬥來鬥去，直到你死我活。這樣根本不值得。

蘇東坡於是爲我們展現了一個有價值的人生。

附錄原文

孔子誅少正卯

孔子為魯司寇七日而誅少正卯，或以為太速。此叟蓋自知其頭方命薄，必不久在相位，故汲汲及其未去發之。使更遲疑兩三日，已為少正卯所圖矣。

在夢裡，也只是淒涼……
——〈記夢賦詩〉、〈夢中作靴銘〉、〈記夢〉

不久前，有朋友和我分享她奇異的夢境。原來有一段時間，朋友的父親身體狀況已經到了需要動危險手術的地步。家人莫衷一是，很難輕易地做出決定。朋友待在國外，也是分外憂心。有一天夜裡，她做了一個夢，夢見臺灣某大醫院的一位醫師可以爲父親動手術。醒來之後，她打電話將這個陌生的名字告訴了家人。家人上網一查，發現確有其人！於是蹈險請這位素不相識的醫師開刀。令人驚喜的是，手術結果非常成功！她的父親又恢復了健康。更教人吃驚的是，這位醫師竟然是她多年手帕交的先生！只因她們彼此聊天的時候，從來沒有說起各自先生的名字，所以她一直都不知道摯友的先生是這位醫師，而且今番還救了自己的父親。事後回想起來，心中納罕不已！不明白怎麼會做這樣的夢？夢見一個完全陌生的人，一個完全陌生的名字，卻在醒來之後，證實確有其人。

我想每晚我們熟睡之後，都會做許多夢，除了上述那樣神蹟般的夢之外，還有一種像連續劇的夢境，又是怎麼回事呢？許多醫學研究分析，人們醒來後會記得的，通常是最後的那個夢。而如果我們在潛意識裡還希望持續這個夢，那麼很有可能在下一段睡眠裡，我們會再繼續或者是重複這個夢。如此說來，連續或重複出現的夢境，是在前後段睡眠時間距離較近的狀況下才會發生。這也許可以用來解釋蘇東坡的夢。

蘇軾二十歲那年，從四川出發往汴京邁進，爲的是去參加科舉考試。這條路線應該就是唐天寶年間，明皇幸蜀的逆向路線。途中來到歷經唐太宗到唐玄宗建造而成的溫泉湯池——華清宮。當天晚上，蘇軾夢見了玄宗唐明皇。明皇命他賦詩一首：〈太眞妃裙帶詞〉，蘇軾領旨作詩，醒來之後還依稀記得那詩句：「百疊漪漪水皺，六銖縰縰雲輕。植立含風廣殿，微聞環佩搖聲。」這首詩，既然是楊貴妃的裙帶詩，當然要先寫出貴妃身上穿的百褶裙如同薄霧一般輕柔飄逸，使她款擺的姿態，像極了天仙出了天宮。在視覺享受之外，蘇軾還寫到了貴妃給人帶來的聽覺美感，那是她站立在微風中，讓人輕微地聽見她身上玉珮叮叮的清音。這首詩，將楊貴妃寫得很是清新脫俗，優雅柔美。然而蘇軾卻在時隔二十六年之後，才追述這個往日的夢境。而那時他已四十六歲，而且被貶在黃州。那究竟是在什麼樣的機緣下，讓他想起了這個夢和夢中的詩？我們已無從得知。但是我們知道，他後來又做了一個夢。這一次是當朝的宋神宗召喚他。宮廷裡，在眾多宮女團團圍繞之下，蘇軾看見一位穿著紅衣服的小女孩，手上捧著一隻紅色的靴子，皇上命他爲這靴子寫詩。蘇軾吟道：「寒女之絲，銖積寸累；天步所臨，雲蒸雷起。」這麼快的速度就寫好一首詩，而且寫得這樣精彩！皇上十分讚嘆，於是讓宮女送他出宮。蘇軾低頭走著，不經意間，瞥見這位宮女的裙帶上有一首六言詩：「百疊漪漪風皺，六銖縰縰雲輕。植立含風廣殿，微聞環佩搖聲。」這不正是他二十歲那年，在夢中為楊貴妃所寫的裙帶詩嗎？唯一不同的是，當年的第一個句子：「百疊漪漪水皺」，而今是「風皺」。那麼這首詩怎麼會出現在神宗宮女的裙帶上呢？時隔二十多年後，蘇軾為何又夢見了這首詩？

佛洛伊德曾說：「夢是潛意識慾望的滿足。」原來人在清醒的時候，反而是壓抑的，不敢逾越規矩法度，不願背叛道德習俗。然而一旦進入睡眠狀態，大腦放鬆了，許多願望或慾望就能澈底被釋放。於是我們會得到一種清醒時所缺乏的滿足感。

東坡所記的第一個夢，與所做的第二個夢，中間以同一首詩相連續，也許就是一身落魄，飄零天涯的中年人，對自己青春年少的一種召喚，他想喚回當初躊躇滿志、昂揚挺拔、摩拳擦掌想有一番作為的那個自己。如此重覆做著面見君王和裙帶詩的夢，這在他的潛意識裡，可能已經成為一個心結，於是在日間，愛幻想的文學家，憑著無比強大的想像力，在夢中以一首詩回到了他的年輕歲月，釋放出他為官以來，長期的困頓與壓抑。再次面見君王，又輕輕地瞥見裙帶詩的那一刻，夢境讓他得到了更多的滿足。

還有一種夢，是在夢裡意識到自己正在做夢，於是做夢的人可以自己掌控夢境，於是他不僅可以主導自己的行為，還能操縱他人。有趣的是，蘇東坡也做過這樣的夢。〈記夢〉一文寫道：「予在黃州，夢至西湖上，夢中亦知其為夢也。」又是在黃州，那個讓他澈底匱乏的生活境地，而他卻在那裡，夢見了一生摯愛的西湖。但是在夢裡，他知道自己是在做夢。不過東坡這時應該已得到了白日裡所沒有的滿足。

在夢中，湖上有大殿三重，其東一殿匾額上題「彌勒下生」。東坡看了以後，說道：「這是我昔年所書。」那佛寺裡的眾僧，東坡太半相識，有辨才、海月等人，大家相見都感到驚異！東坡因爲是在睡眠中，身上穿著睡衣，但手裡還拿著拐杖。所以他抱著歉意告訴眾僧：「夢中來游，不及冠帶……。」

好特殊的夢境！他在夢裡回到了自己最喜愛的西湖，見到了猶如親人般的摯友，又回顧了當年親題的匾額。可是他卻又如此清晰地意識到自己就是在做夢。這景況，直教人難堪，都說夢境是慾望的塡補，但爲何人到了黃州，連夢裡，也只是淒涼……。

記夢賦詩

軾初自蜀應舉京師，道過華清宮，夢明皇令賦〈太真妃裙帶詞〉，覺而記之。今書贈柯山潘大臨邠老，云：「百疊漪漪水皺，六銖縰縰雲輕。植立含風廣殿，微聞環佩搖聲。」

元豐五年十月七日。

夢中作靴銘

軾倅武林日，夢神宗召入禁中，宮女圍侍，一紅衣女童捧紅靴一隻，命軾銘之。覺而記其一聯云：「寒女之絲，銖積寸累；天步所臨，雲蒸雷起。」既畢進御，上極嘆其敏，使宮女送出。睇視裙帶間有六言詩一首，云：「百疊漪漪風皺，六銖縰縰雲輕。植立含風廣殿，微聞環佩搖聲。」

記夢

予在黃州，夢至西湖上，夢中亦知其為夢也。湖上有大殿三重，其東一殿題其額云「彌勒下生」。夢中云：「是僕昔年所書。」眾僧往來行道，太半相識，辨才、海月皆在，相見驚異。僕散衫策杖，謝諸人曰：「夢中來游，不及冠帶。」既覺，亡之。明日得芝上人信，乃復理前夢，因書以寄之。

志在王道——〈司馬遷二大罪〉、〈記告訐事〉

蘇東坡一開口就說：「司馬遷有罪！」理由是他在《史記》中，誇讚商鞅這個人：「變法定令，行之十年，秦民大悅，道不拾遺，山無盜賊，家給人足，民勇於公戰，怯於私鬥。秦人富強，天子致胙於孝公，諸侯畢賀。」蘇東坡無法苟同，他認爲像商鞅這樣的人，就是戰國時代典型的邪說詭論遊說之士，而司馬遷竟然引以爲正道，在史書上大書特書！因此蘇軾強烈批判千古以來人們所崇敬的太史公。因爲司馬遷不僅推崇了商鞅，同時連桑弘羊也被他稱讚爲有功之人。

我們讀歷史，都知道秦孝公任用商鞅變法之後，秦國就成爲很強大的國家，甚至有人說這個秦國「與戎狄同俗」，而秦人有「虎狼之心」，嗜殺成性。然而事實上，秦國早期是個講究仁義道德的邦國。當年晉國發生大饑荒，秦穆公儘管因故對晉惠公極爲反感，卻仍然伸出援手，予以糧食援助。然而第二年晉惠公卻在秦國也發生饑荒時，不僅不援糧，還趁機攻打秦國。秦穆公無奈之下出征，結果不但擊敗了晉軍，更俘獲了晉惠公，然而最終他以德報怨，釋放了晉惠公。

秦國這樣一個原本講仁義的國度，是如何變成了世人口中的「虎狼之國」呢？史學家們以爲，這與商鞅變法有密切的關聯，因爲他在這個時期澈底改變了國民的思想觀念。對於商鞅而言，他想要建立的是一個以軍功來分階級的社會。「內行刀鋸，外用甲兵」，他鼓勵殺戮，欲將國家建設成擅於爭戰的龐大武器。所以他推崇暴力，主張領土擴充。而這背後的經濟基礎，是必須在賦稅上進行整頓，同時他也得獎倡農業，才能做得到。而事實上，賦稅與農業政策的落實，也都必須在集中王權的前提下進行，於是他嚴厲地實行了鄰里連坐，來嚴密控管人民。這當然是很不合理的法令，所以蘇東坡說：「秦之所以見疾於民，如豺虎毒藥，一夫作難而子孫無遺種，則鞅實使之。」

商鞅毀掉了一個王道的社會，取而代之的是霸道。尤有甚者，爲了讓人民忘記古代那樣純樸的風俗文化，商鞅甚至「燔詩書而明法令」。連焚書這樣的事情都做得出來！其結果對於人類文化資產的保存，眞是一大浩劫！也許就因爲如此，他在蘇東坡的心目中，就成爲一個澈底反傳統的高壓的統治者。這對於主張「行賞忠厚之至」的蘇軾以及北宋傳統文人士大夫而言，眞如同洪水猛獸！

蘇軾說：「自漢以來，學者恥言商鞅、桑弘羊……。」那漢代的桑弘羊最著名的著作就是《鹽鐵論》，亦即主張鹽、鐵必須國營公賣。那麼他又是如何讓蘇東坡感到痛心疾首的呢？原來漢代政壇上曾經有一場著名的「桑弘羊之問」。在這場辯論會中，儒生們認爲鹽鐵公賣是國家壟斷市場，而且造成價格昂貴，況且政府與民爭利，將導致經濟蕭條，況且圖利了特權集團。

但是桑弘羊卻反駁道：國家運作需要財政，如果只依賴農業生產所繳納的賦稅，那是遠遠不夠的。國家不專營鹽鐵，錢從何處來？反之政府若掌握了財源，便可以應付戰爭及各種天災，同時也可以反制地方膨脹的勢力。

於是歷朝歷代以來，能夠幫皇帝賺錢的桑弘羊們，就成爲皇帝的最愛！因爲這些政客合理化了皇室對人民的搜刮。因此蘇東坡感嘆：「而世主獨甘心焉，皆陽諱其名而陰用其實，甚者則名實皆宗之，庶幾其成功，此則司馬遷之罪也。」

商鞅變法在短期內可使百姓因出於恐懼與貪慾而趨向於功利。其弊端，孔子早就說過：「道之以政，齊之以刑，民免而無恥；道之以德，齊之以禮，有恥且格。」如今秦國人都因爲害怕連坐而互相監督，互相揭發，這就敗壞了善良淳厚的民風。這也是蘇東坡最不願見到的事。他在另一篇文章〈記告訐事〉中，記載了當時社會上發生的一件新聞。說是元豐初年，白馬縣的縣民被殺害，他的家人害怕被殺人犯報復，所以不敢告官。有一天，官府收到了一封匿名信，公差透過匿名信抓到了人犯，宋代法令規定，寫匿名信檢舉的人，要判處流放之刑。當時的開封尹蘇子容，上殿論奏：「賊可減死，而投匿名者可免罪。」意思是說，若非匿名者寫了檢舉信，官府不可能這麼快抓到殺人犯。所以這個寫匿名信的人，應當給予免罪。但是宋神宗沒有答應：「此情雖極輕，而告訐之風不可長。」所謂的「訐」，就是揭發、舉發的意思。《論語・陽貨》子貢就說過：「惡訐以爲直者。」他厭惡將揭露他人短處，視爲正直的行爲。於是朝廷對於這個告訐者處以杖刑，再予以安慰。

因此我們知道宋代前期的政治風氣是不同意人與人之間互相告訐的，也就是不希望百姓互相監視。「此所謂忠厚之至」，東坡說。可惜到了熙寧、元豐年間，朝廷每立一新法，都重賞鼓勵告訐者，這就是破壞人心風俗的開始。

從〈司馬遷二大罪〉到〈記告訐事〉，我們能夠清楚看出蘇軾的政治理想在王道的復興，因此他痛恨急功近利的變法運動。只是他將罪怪到司馬遷的頭上，這件事情亦頗值得我們省思。我相信有歷史意識的人，眼光都看得很遠。像蘇東坡這樣的文人，不見得在乎眼前的寵辱，卻非常重視身後的評價，也就是歷史定位。所以他要批評司馬遷，因爲身爲史家，既掌握了一字褒貶的發言權，就必須以長遠的眼光來處理一時的風氣與情勢，這樣才可能爲後世留下最好的政治典範。

司馬遷二大罪

商鞅用於秦，變法定令，行之十年，秦民大悅，道不拾遺，山無盜賊，家給人足，民勇於公戰，怯於私鬥。秦人富強，天子致胙於孝公，諸侯畢賀。

蘇子曰：此皆戰國之遊士邪說詭論，而司馬遷闇於大道，取以為史。吾嘗以為遷有大罪二，其先黃、老，後《六經》，退處士，進姦雄，蓋其小小者耳。所謂大罪二，則論商鞅、桑弘羊之功也。自漢以來，學者恥言商鞅、桑弘羊，而世主獨甘心焉，皆陽諱其名而陰用其實，甚者則名實皆宗之，庶幾其成功，此則司馬遷之罪也。秦固天下之強國，而孝公亦有志之君也，修其政刑十年，不為聲色畋游之所敗，雖微商鞅，有不富強乎？秦之所以富強者，孝公務本力穡之效，非鞅流血刻骨之功也。而秦之所以見疾於民，如豺虎毒藥，一夫作難而子孫無遺種，則鞅實使之。至於桑弘羊，斗筲之才，穿窬之智，無足言者，而遷稱之，曰：「不加賦而上用足。」善乎，司馬光之言也！曰：「天下安有此理？天地所生財貨百物，止有此數，不在民則在官，譬如雨澤，夏澇則秋旱。不加賦而上用足，不過設法侵奪民利，其害甚於加賦也。」二子之名在天下者，如蛆蠅糞穢也，言之則汙口舌，書之則汙簡牘。二子之術用於世者，滅國殘民覆族亡軀者相踵也，而世主獨甘心焉，何哉？樂其言之便己也。夫堯、舜、禹，世主之父師也；諫臣拂士，世主之藥石也；恭敬慈儉、勤勞憂畏，世主之繩約也。今使世主日臨父師而親藥石、履繩約，非其所樂也。故為商鞅、桑弘羊之術者，必先鄙堯笑舜而陋禹也，曰：「所謂賢主，專以天下適己而已。」此世主之所以人人甘心而不悟也。世有食鐘乳烏喙而縱酒色，所以求長年者，蓋始於何晏。晏少而富貴，故服寒食散以濟其欲，無足怪者。彼其所為，足以殺身滅族者日相繼也，得死於寒食散，豈不幸哉！而吾獨何為效之？世之服寒食散，疽背嘔血者相踵也，用商鞅、桑弘羊之術，破國亡宗者皆是也。然而終不悟者，樂其言之美便，而忘其禍之慘烈也。

記告訐事

元豐初，白馬縣民有被殺者，畏賊不敢告，投匿名書於縣。弓手甲得之而不識字，以示門子乙。乙為讀之，甲以其言捕獲賊，而乙爭其功。吏以為法禁匿名書，而賊以此發，不敢處之死，而投匿名者當流，為情輕法重，皆當奏。蘇子容為開封尹，方廢滑州，白馬為畿邑，上殿論奏：「賊可減死，而投匿名者可免罪。」上曰：「此情雖極輕，而告訐之風不可長。」乃杖而撫之。子容以謂賊不干己者告捕，而變主匿名，本不足深過，然先帝猶恐長告訐之風，此所謂忠厚之至。然熙寧、元豐之間每立一法，如手實、禁鹽、牛皮之類，皆立重賞以勸告訐者，皆當時小人所為，非先帝本意。時范祖禹在坐，曰：「當書之《實錄》。」

這個小和尚有禪味
——〈書〈歸去來辭〉贈契順〉、〈卓契順禪話〉

卓契順，一個憨憨的、個性直率乾脆的小和尚。正是因爲他憨直，所以一旦認定了目標，就會拿出全副的精神，和心無旁騖的專注，一步一腳印地向終點站邁進。只是他當初可能沒有想到，因爲這樣的執著與專一，最後竟然登上名垂不朽的高峰。

然而跌落谷底的蘇軾，卻連續被貶黃州、惠州、儋州，七年間連降八職，最後削籍投荒，使他看盡了人情冷暖，卻也洞察出世事無常。那時他只想做個和陶淵明一樣的隱者。有件事情，一直給我很大的想像空間：當蘇東坡得知自己被貶到惠州，隨即展開一段舟車勞頓的行程時，在這漫長而顚躓的行進間，他心裡在想什麼？有多少憂慮和愁苦，以及對未來生活的惶惑與不安？事實上，他一路上都在模擬唐代大書法家顏眞卿的字體，同時作詩來與陶淵明的〈歸去來辭〉唱和。這眞是典型的「尚友古人」。我們知道〈歸去來辭〉是一篇脫離仕途，回歸田園的宣言。而東坡不斷地與它對話，實際上就是反映出自己已經澈底看透了官場，此時唯一的希望是獲得心靈的解脫。因此等他到了惠州，他即刻說出每日最重要的兩件事：「飽吃惠州飯，細和淵明詩。」

東坡平日不停地手書此辭，時時念茲在茲。因此一定背誦得很熟，而且將這篇文章深植在自己的心裡，碰到沮喪、失落或徬徨的時候，隨時召喚，那陶淵明的心境就會與他融合為一。而眼下身為一名大政治犯，除了小兒蘇過隨侍在側以外，並沒有人敢親近他，於是生命中僅剩下陶淵明了。

直到有一天，他看見了卓契順……。

這個小和尚此時活像個骯髒齷齪的小乞丐。因為他已經走了萬里路，從蘇州徒步到惠州，來給東坡送家書。「契順涉江度嶺，徒行露宿，僵仆瘴霧，黧面繭足以至惠州，得書徑還。」我們可以想像，契順一路上靠著化緣，有一餐沒一餐地走了好幾個月，也許在山裡還遇到毒蛇猛獸，在荒徑間也曾撞見剪徑的土匪。總而言之，當他來到蘇軾的面前，他已經通過了嶺南的瘴癘毒氣，臉面被晒得好黑，甚至腳底都磨出了厚繭……。

我們回溯幾個月前，在蘇州定惠院裡的那場對話。當時坐在長老方丈裡的主要人物是常州錢世雄，他是東坡的至交，現下正為了一件事情而煩惱，那就是蘇軾的長子蘇邁想送一封家書到惠州給父親，可惜自己分不開身。守欽長老聽著，也是沉吟不語。這時站在一旁學佛的弟子卓契順便對錢世雄說道：「子何憂之甚，惠州不在天上，行即到耳，當為子將書問之。」契順說：「行即到耳」，那惠州又不是在天上，擔心什麼？說話的字裡行間流露出瀟脫豪邁又見義勇為的氣概。而且當下慨然允諾為蘇邁送書，這又使我們看見了他勇於任事的高尚性格。同時，他說到做到，因此在紹聖三年三月二日帶著蘇東坡的家書出發了。一路上曉行夜宿，因受到瘴癘之氣還曾經大病一場，病體稍癒之後，他又繼續鍥而不捨地往前行。幾個月之後，就在蘇軾以爲今生唯有陶潛相伴之時，卓契順渾身破爛、面目黧黑地站在了蘇軾的面前。交付完了書信，小和尚隨即揮一揮衣袖，不帶走一片雲彩，「得書徑還」。如此灑脫！

然而相較之下，蘇軾竟比卓契順俗氣得多了！他緊迫盯人地對這個萬里送家書的小和尚，頻頻追問：「你想要什麼？你到底想要什麼？」小和尚沒好氣地頂回去：「我如果眞想要什麼，就不會來惠州，我可以去汴京！」可是蘇東坡於心不安，非要送點什麼給小和尚不可，卓契順被他糾纏不過，便想起了唐代大書法家顏眞卿，曾經寫過行書信札〈蔡明遠帖〉。就因爲在顏眞卿缺糧的時候，蔡明遠不辭辛勞以船運白米來解燃眉之急，因此，顏眞卿寫下此書帖來表達感謝之意。此帖一共十八行，一百零四個字，而通篇流露出顏魯公疏淡出塵的氣韻。黃庭堅因而評價道：「筆意縱橫，無一點塵埃氣。」更重要的是，蔡明遠這個人的名字就因爲顏眞卿的書法而永遠流傳下來了。蘇軾聽到卓契順引顏眞卿與蔡明遠的故事來求字，當下反而是蘇軾本人求之不得！他說：「余欣然許之。」不過在這裡難免還是要謙虛幾句，「獨愧名節之重，字畫之好，不逮魯公」。寫當然是要寫，可是寫什麼好呢？那自然是他日日夜夜與之唱和的〈歸去來辭〉了。我想，書寫這篇文章，一則是要送卓契順「歸去」，同時也在抒發自己「不如歸去」的獨悲與惆悵。而小和尚帶著這篇大書法家的親筆手書回去，將來自是要留名千古了。這是東坡當時的想法。

然而日子久了，東坡漸漸領悟到這個小和尚的整體行爲，透顯著一股禪味。所謂的「禪」，是在質樸的話語和行動中，讓人體會到其含意的深遠。在小和尚魯直的外表下，似乎潛藏著雋永的人生哲理，這件事對東坡的影響，在卓契順離開之後，應是與日俱增。於是蘇東坡後來又寫了一篇〈卓契順禪話〉。當他寫道，卓契順不遠數千里，陟嶺渡海而來，東坡問他：「將甚麼土物來？」順展兩手。坡云：「可惜許數千里空手來。」順作荷擔勢，信步而去。

這一篇文章的改寫，顯示東坡已經悟道了。原來人的一生，是兩手空空地來，儘管過程中背負著一身的重擔，然而最後也終將兩手空空地離開。任誰都一樣。那小和尚原本也是這麼做的，看不開的是蘇東坡，硬塞給他一篇〈歸去來辭〉。對蘇軾而言，卓契順當初是向他打了一個禪機，日後回想起來，再細細斟酌，蘇軾於是當下觸機而參悟了。既然兩手空空地來，爲什麼不安閑地信步而去呢？由此可知，卓行者所帶來佛家的解脫與釋懷之道，恐怕要遠勝於不爲五斗米折腰的陶淵明了。

書〈歸去來辭〉贈契順

余謫居惠州，子由在高安，各以一子自隨，余分寓許昌、宜興，嶺海隔絕。諸子不聞余耗，憂愁無聊。蘇州定慧院學佛者卓契順謂邁曰：「子何憂之甚，惠州不在天上，行即到耳，當為子將書問之。」

紹聖三年三月二日，契順涉江度嶺，徒行露宿，僵仆瘴霧，黧面繭足以至惠州，得書徑還。余問其所求，答曰：「契順惟無所求而後來惠州；若有所求，當走都下矣。」苦問不已，乃曰：「昔蔡明遠鄱陽一校耳，顏魯公絕糧江淮之間，明遠載米以周之。魯公憐其意，遺以尺書，天下至今知有明遠也。今契順雖無米與公，然區區萬里之勤，儻可以援明遠例，得數字乎？」余欣然許之。獨愧名節之重，字畫之好，不逮魯公，故為書淵明〈歸去來辭〉以遺之，庶幾契順托此文以不朽也。

卓契順禪話

蘇臺定慧院淨人卓契順，不遠數千里，陟嶺渡海，候無恙於東坡。東坡問：「將甚麼土物來？」順展兩手。坡云：「可惜許數千里空手來。」順作荷擔勢，信步而去。

愛的物語——〈書楊樸事〉

蘇東坡給他的老婆講了一個故事。

大宋初年，百廢待興。當初趙匡胤陳橋兵變，黃袍加身，取代北周而建立了宋。如今朝廷標榜尊重文人，於是招榜納賢。當時有個詩人名叫楊樸，他的生命在前半段時期經歷過五代十國政治與社會的動盪不安，如今親眼看見趙匡胤在短短幾年內，陸續征服了北漢、吳越、南唐、川蜀、荊南等國，建立起一個平安富庶的王朝，楊樸感到欣慰無比。

其實他是個熱愛生命，享受大自然的快樂詩人。他很清楚知道自己想要的是什麼，那就是在農田裡種植出自己喜愛的食物，過著平淡簡約、自食其力的生活。而中國傳統讀書人，除了做官一途，也有人選擇在隴畝之間過著躬耕的日子。況且楊樸除了務農和讀書之外，他還對作詩充滿了熱情與痴狂。他在生活中、鄉野間，到處尋求創作的靈感。詩歌使他的生命發光發熱！他在文字的世界裡，找到了天堂。

楊樸曾經作詩形容自己：「軟綠柔藍著勝衣，倚船吟釣正相宜。蒹葭影裡和煙臥，菡萏香中帶雨披。」原來他是一個會自創時裝的設計師，他最喜歡的顏色和材質是「軟綠柔藍」，而且經常穿著這樣特製的蓑衣，很愜意地倚靠在舟中，於湖上悠閑地垂釣。這時蒼蒼的蒹葭，與清新的荷花，就與他的閑適姿態構成了一幅和諧的圖畫。他曾經自豪地描述著自己與眾不同的瘋狂舉止：「狂脫酒家春醉後，亂堆漁舍晚晴時。直饒紫綬金章貴，未肯輕輕博換伊。」詩人在美麗的春天盡情地暢飲，又自在隨興地醉倒在漁人的茅屋裡。如此快樂逍遙的生活，拿再大的官位來，他也絕不肯換。

楊樸灑脫不羈，瘋狂愛詩，經常以一身軟綠柔藍的蓑笠，遁入青青草地，聆聽大自然呼喚的聲音，尋找文學的泉源。一旦覓得詩句，他會驚詫地騰空而起，像一隻飛躍的羚羊，在奔跑中，迎接燦爛的陽光。他是鄭州人，因此非常喜愛層巒疊翠、峻極於天的中嶽嵩山。於是他拄著拐杖，登上高峰，爲它的美，再怎麼書寫，都嫌不夠！

然而國朝初年，景況一片欣欣向榮，皇榜頻頻招賢，而朝廷裡的宰相畢士安正好是楊樸的同學。他實在太欣賞楊樸了，於是向皇帝進言，推薦老同學做官。但是就如同我們所知道的，楊樸太浪漫，太熱愛生活了！以至於不可能出來爲官從政。雖然他的鄰里親戚經常爲其癲狂舉動而受到驚嚇，但他們絕不否認，也不敢漠視楊樸那一首又一首的精彩好詩。可是如今老同學的面子也不能不給，於是這道難題還是得在他自己最擅長的詩歌上，尋求解決。

宋眞宗繼太宗之後，再次招他出山時，曾經給予很高規格的禮遇。因此楊樸首次來到了繁華的首都汴京城。皇上看見他的那一刻，微微地感到驚訝！沒想到他已經是個尨眉皓髮的老人了！可能是因爲以往所得到的訊息，都以爲楊樸爛漫天眞，渾身散發著文藝氣息，所以一直沒有想到他的年歲吧。皇帝怔忡之餘，問了一個很好笑的問題：「你會作詩嗎？」沒想到楊樸直接回答：「不會。」皇帝覺得奇怪，於是再問：「你出來的時候，鄉里的親戚們難道就沒有作幾首詩歌爲你送行？」楊樸說：「只有我老婆作了一首詩，專門給我的。」皇帝聽了覺得很新鮮：「你老婆作了什麼詩？念出來聽聽。」楊樸於是提高嗓門，大聲念道：「且休落魄貪杯酒，更莫猖狂愛詠詩。今日捉將官裡去，這回斷送老頭皮。」皇帝聽了忍不住大笑！這位老人家太有趣了！他用這首老婆寫的詩，很委婉，也很風趣地拒絕了皇帝的徵召。眞宗雖然沒有成功地用他爲官，但是畢竟對他的印象太深刻了！以至於後來到了鄭州時，還特別駐足停留，就爲了賜贈茶帛給他，同時讓他的兒子出來做官。

故事說完了。蘇軾的老婆王閏之應該覺得蠻有趣的！

時間過得很快，到了宋神宗元豐二年（西元一〇七九年），那年蘇軾四十三歲，他由徐州轉任湖州太守。到任後，在四月二十日，他向皇帝進呈〈湖州謝上表〉，文中聲稱：「知其愚不適時，難以追陪新進；察其老不生事，或能牧養小民。」就是發了點小牢騷，竟被御史官員們瘋狂地上奏彈劾，指責蘇軾愚弄朝廷、暗諷皇上。於是王安石變法以來，黨爭激烈化的高峰點就出現在這太湖邊上。蘇軾的詩文被大量地收集、研讀與分析，在斷章取義之後，給他安上了罪無可逭的惡名。宋神宗受到慫恿，情緒也是異常憤怒，於是他下令即刻拘捕蘇軾。

那年七月二十八日，太常博士皇甫遵匆匆趕到湖州，準備逮捕蘇軾。而蘇軾則早一步從他的好朋友駙馬王詵，以及弟弟蘇轍那裡得知了這個消息。於是他即日起請假，由通判代行職權。直到皇甫遵抵達湖州，蘇軾仍不敢面對，還是通判勸他，躲是躲不過的，蘇軾這才著正式官服出來迎迓。他對皇甫遵說道：「臣知多方開罪朝廷，必屬死罪無疑。死不足惜，但請容臣歸與家人一別。」皇甫遵同意了，於是蘇軾在赴詔獄之前，可以與王閏之說幾句話。可以想見，閏之當時一定很驚慌、很無助。蘇軾看他老婆哭得厲害，一時之間，竟然語塞，不知道該說些什麼話來安慰她。想了好一會兒，突然很認眞地看著閏之說道：「記不記得我給妳說過的那個故事？要不妳也像楊樸的老婆那樣，在我出門之前，作一首詩送給我？」閏之想起了那首詩：「且休落魄貪杯酒，更莫猖狂愛詠詩。今日捉將官裡去，這回斷送老頭皮。」不覺噗哧一笑！

蘇軾於是放心地出門去了。

世人都愛蘇軾爲第一任妻子王弗所塡的〈江城子〉：「十年生死兩茫茫，不思量，自難忘。……」那份纏綿的情感，濃得化不開。而我獨愛東坡赴詔獄之前，苦中作樂，還能逗王閏之破涕爲笑的〈隱逸・書楊樸事〉。

書楊樸事

真宗東封還，訪天下隱者，得杞人楊樸，能為詩。召對，自言不能。上問臨行有人作詩送卿否？樸言：「無有。惟臣妻一絕云：『且休落魄貪酒杯，更莫猖狂愛詠詩。今日捉將官裡去，這回斷送老頭皮。』」上大笑，放還山，命其子一官就養。余在湖州，坐作詩追赴詔獄，妻子送余出門，皆哭。無以語之，顧老妻曰：「子獨不能如楊處士妻作一詩送我乎？」妻不覺失笑，予乃出。

東坡當年在國外的超人氣！——〈高麗〉與〈高麗公案〉

「如今啊，猴子都裝得人模人樣了，那舉手投足之間，很像一回事。可是仔細觀察，他們的眼神卻是十分傲慢無禮的！人們常說『弄猢猻』，好像人可以恣意耍弄著猴子玩兒，殊不知我們才是都被猴子給耍了！」這是陳敦昨天對蘇軾說的話。「昨日見泗倅陳敦固道言：胡孫作人狀，折旋俯仰中度，細觀之，其相侮慢也甚矣。人言『弄胡孫』，不知為胡孫所弄！」蘇軾覺得這話說得有道理。而今天他又見到了另一個人黃實，他對蘇軾訴說北宋外交經驗上的一個小故事：「有一次，我們的大使到了朝鮮半島的高麗國，對方將我們致贈的假金錠假銀錠，當場剖開來看。這讓大使很沒面子，很不高興！可高麗人卻說：不是我們故意冒犯，而是害怕契丹的奸細，在暗處偷窺，以為我們拿的是眞金白銀……。」

蘇軾感到略為吃驚，可見我國賜贈給高麗的寶物，遼國都會來分占。高麗受到大遼的壓迫，竟如此之甚！如果有人不知道這樣的情況，還一個勁地想要利用高麗牽制遼，那就要誤事了！

同一天稍晚的時候，蘇軾看見了另一樁外交事件。許許多多的官吏和樂妓，突然大批地湧向郊外，他們爭先恐後搶著看一艘大船上有許多外國人，都梳著高高尖尖的髮髻，滿臉絡腮鬍，像個野獸般凶惡侮慢地睜眼仰視。這些人是來自爪哇和馬六甲附近的三佛齊，而這個國家歷來都是中國的藩屬，如今是來朝貢的。當這個隊伍經過泗州時，當地人為之轟動！蘇軾以為這就是「胡孫弄人」啊！在外交關係上，人人爾虞我詐，宋朝、高麗、遼國，甚至於三佛齊，皆互不信任，玩弄心機，使盡合縱連橫之術。於是我們永遠也分不清，是我們在耍他，還是早已經被他耍了？

這時，蘇東坡還要再講一個故事。那是在宋哲宗元祐五年二月十七日，那天蘇軾見到曾經在樞密院任職的王伯虎，他也洩漏出一段祕辛。原來大使王誠一在出使契丹時，赫然在遼國的帳營中看見了一個高麗人。而這個高麗人後來私底下對張誠一說：「本國主向慕中國之意。」張誠一於是高高興興地回來啓奏皇帝，當時手握軍權的樞密使李公弼立刻巴結地寫了劄子請皇帝招攬高麗，皇帝應允之後，李公弼竟然委派負責漕運的崔極去辦，然後崔極又找了一個商人去處理。

蘇軾聽了這件事，心中很感嘆，高麗人能夠巧妙地利用遼與宋之間的矛盾，來施展對自己有利的外交策略。看起來，高麗是同時與遼、宋建立關係，這是小國的「兩手外交」伎倆，玩得好，可以在夾縫中求生存；稍有差池，兩邊負債，稱臣納貢到傾家蕩產。而且在契丹人的大帳裡看見一個高麗人，這已經說明了他們兩國的結盟關係。張誠一自己被耍了，還高高興興地回來稟報皇帝，讓皇帝跟他一樣當個「被胡孫耍弄」的傻子。至於當時的樞密使李公弼，官職大過於現在的國防部長，他卻派一個船運部門的人來處理招攬高麗國這樣的大事，更令人跌破眼鏡的是這個船運部門的曹極又去找他底下的一個商人來處理。北宋朝廷視外交如兒戲，讓蘇軾覺得從李公弼、曹極到張誠一，都很可惡！都是廢物！「天下知非極，而不知罪公弼。如誠一，蓋不足道也。」

有趣的是，蘇軾雖然暗諷夷狄是猢猻，但是在這些外國猢猻的眼中，蘇東坡卻是光芒閃耀的偶像和大明星！宋代與黃庭堅同年進士，只比蘇軾大六歲，以道德品行著稱的文人王闢之，在所著《澠水燕談錄》一書中記載：北宋年間，外交使臣張芸叟出使遼國，竟然在幽州發現了契丹人盜版的蘇軾文集，他驚訝地喊道：「外至夷虜亦愛服如此！」後來蘇轍也曾經出使遼國，令他同感意外的是，當地人興致勃勃地來詢問有關他哥哥蘇軾的各種事情。蘇轍詩云：「誰將家書過幽都，逢見胡人問大蘇。」原來蘇軾在遼國，具有如此超高人氣！他的詩被抄寫在餐館、旅社的牆壁上，其文章也被大量盜印，以至於所有的文學愛好者，幾乎人手一冊！

就連被蘇軾看出玩兩面手法的高麗人，也都是「蘇迷」，是蘇軾詩文的追隨者。而且早在王安石變法之前，宋神宗執政初期，四十出頭的蘇軾在朝鮮半島已經是響噹噹的名人了！當時高麗負責出使大宋的使臣金覲，將自己的兒子分別取名為金富軾和金富轍，正是因為仰慕二蘇。同時在高麗的文壇上還出現了仿蘇軾的文體，那是一種敘事清新流利雋永、說理言情自然暢達的文學主張。高麗人迷戀蘇東坡、研究蘇東坡、書寫蘇東坡，進而摒棄了雕章琢句的駢文，開啓高麗文壇與科場的新風貌。之後在朝鮮王朝，更有一位時調詩人尹善道，這是在朝鮮以田園隱逸詩風著稱的大家。而所謂的「時調」，又稱短歌、詩餘、長短歌、三章等，是最具朝鮮民族文學代表性的詩歌形式，而尹善道就是這方面的巨擘。然而這位大師卻日夜神往著蘇軾的赤壁船遊，因此在當地找了一處像是赤壁的地方，來寄託與滿足他的「東坡夢」。

沒想到，北宋的外交史與文學史在蘇東坡的身上撞擊出如此異樣的火花，讓我們既感嘆，又驚喜！嘆的是，這個富庶的王朝其實亡於外交而不自知。喜的是，宋不愧是高明的文化國度，到頭來還是以文學征服了四方強鄰。

高麗

昨日見泗倅陳敦固道言：「胡孫作人狀，折旋俯仰中度，細觀之，其相侮慢也甚矣。人言『弄胡孫』，不知為胡孫所弄！」其言頗有理，故為記之。又見淮東提舉黃實言：「見奉使高麗人言：所致贈作有假金銀錠，夷人皆坼壞，使露胎素，使者甚不樂。夷云：非敢慢也，恐北虜有覘者以為真爾。」由此觀之，高麗所得吾賜物，北虜蓋分之矣。而或者不察，謂北虜不知高麗朝我，或以為異時可使牽制北虜，豈不誤哉！今日又見三佛齊朝貢者過泗州，官吏妓樂，紛然郊外，而椎髻獸面，睢盱船中。遂記胡孫弄人語良有理，故並記之。

高麗公案

元祐五年二月十七日，見王伯虎炳之言：「昔為樞密院禮房檢詳文字，見高麗公案。始因張誠一使契丹，於虜帳中見高麗人，私語本國主向慕中國之意，歸而奏之，先帝始有招徠之意。樞密使李公弼因而迎合，親書箚子乞招致，遂命發運使崔極遣商人招之。」天下知非極，而不知罪公弼。如誠一，蓋不足道也。

遼、金、西夏的強勢崛起

——〈曹瑋語王顯元昊爲中國患〉

蘇軾不僅對遼國和高麗的外交問題有意見，他也關心西夏的情況。

原來蘇轍的二女婿王適是蘇軾的學生。所以當初這段婚姻正是蘇軾作的媒。這是因爲從元豐年間蘇軾被誣陷起，所有的親朋好友瞬間都離他而去，只有王適和他弟弟不離不棄，一路照顧蘇軾和他的家人，又與蘇門四學士親密往來唱和。是故蘇軾作媒讓蘇轍的女兒嫁給王適，還有他自己的孫子蘇符也娶了王適的女兒。大陸考古學界在西元二〇〇五年，於河北邢臺發現了多方北宋時期的墓誌銘，後經學者證實這是北宋望族王氏的墓地。王氏家族發跡自王顯，他就是王適的爺爺。王顯年少勤奮耕讀，後來進士及第，一生秉直清廉，曾經是宋代身居要位的重臣。不過他的孫兒輩官位都不高，這應該是過於親近蘇軾，因此受到黨爭的影響。

宋神宗元豐四年蘇軾因「烏臺詩案」獲罪貶謫到黃州，第二年王適就不避顧忌地前去探望。蘇軾見到他很高興，與之同遊西山。王適臨行前，東坡還作了一首詩：「送行無酒亦無錢，勸爾一杯菩薩泉。何處低頭不見我，四方同此水中天。」顯見他們兩人感情眞的很深厚。

當王適向東坡說起自己有名的爺爺，便講了一個故事。在宋仁宗天聖年間，王適的爺爺王殿因公趕往定州，見到了節度使曹瑋。曹瑋對王殿說：「我看你的面相，是貴相，任三司副使太可惜了，應該出任掌握兵權的樞密使。我爲什麼這樣說呢？因爲從前聽到過一件事情，所以深深覺得軍事學問很重要！」

原來西夏部族在邊境上，每年大量販賣羊隻、馬匹給宋人，首領李德明以此抽稅抽得不亦樂乎！如果誰的稅繳得少了，他還會因此而殺人！李德明的長子就是後來西夏的開國皇帝李元昊。元昊「性雄毅，多大略，善繪畫……弱冠，獨引兵襲破回鶻夜洛隔可汗王，奪甘州」，可見其年少英勇，世間罕見。而且李元昊多次勸父親「毋臣宋」：「衣皮毛，事畜牧，蕃性所便。英雄之生，當王霸耳，何錦綺爲？」因此，年僅十三歲的李元昊向他父親進諫，他說：「我們游牧民族的資產就是羊和馬。現在都拿去賣給中原人，而換來的只是茶葉、絲綢等輕浮的物品，我們要這些東西做什麼？它只會讓我們整個民族意志薄弱和懈怠。況且父親還爲了這樣的事情來殺自己人。那些茶葉和絲綢愈多，羊和馬愈少，我們的實力正在削減，長此以往，豈不是要亡國了嗎？」李德明覺得兒子說得有理，便不再爲此殺人了。

而曹瑋當時聽說了這件事情，深感驚訝！他請人去畫了李元昊的畫像回來，一看果然相貌非凡！可以說是一代奇人！於是這位會看相的曹節度使斷言，將來李德明死了以後，他的兒子李元昊一定會成爲中國的禍患！

「所以啊，他就勸我爺爺要講習兵法，多研究軍事學問。將來主掌樞密院。」王適對著蘇東坡回憶道。可惜王疁當年對曹瑋說的話，不大相信。不過，他眞的在李元昊犯邊的時候，拜參知政事，知樞密院事，掌管國防事務了。也許曹瑋看相是眞的很準吧！在宋代，樞密使位高權重，與中書門下同平章事皆稱宰執，掌兵權，統領軍隊。

就在宋仁宗康定元年，西夏李元昊屢屢犯邊，皇帝多次詢問邊關戰情該如何應對？王疁卻不能回答，完全束手無策。最後北宋對西夏黨項一族用兵失利，於是王疁罷相。過不了多不久，他就突然暴病身亡了。

這是王家的一段傷心史，王適說道：「其後疁與張觀、陳執中在樞府，元昊反，楊義上書論土兵事，上問三人，皆不知，遂皆罷之。」這些事，若非王適告訴東坡，他大概也不會知道。

宋代皇室的思想繼承了先秦以來，「王者無外」的觀念。然而當時世界上的眞實景況是，東亞諸多政權已崛起並立，而且這些異族政權個個都足以威脅宋朝國土的安全。因此宋人在處理夷夏關係上，其實應該要與時俱進，有別於之前的歷代王朝，重新建構屬於十世紀的夷夏秩序，絕不能與漢、唐相比。因爲當時北宋與遼國已經互稱爲天子，概念上相當於南北朝。除了遼、西夏，還有金國，也是一方勁敵。大宋宣和七年，北宋官員朝見金國皇帝，當時殿前設有御廚宴，宴席上，各種具有女眞族特色的食材，應有盡有。不僅如此，他們的餐具酒器也都極盡奢華：「前施朱漆銀裝鍍金几案，果楪以玉，酒器以金，食器以玳瑁，匙箸以象齒……。」

到了第二天，宴會中還出現了大型的樂舞演出，其「服色鮮明，頗類中朝」。然後「又有五六婦人，塗丹粉艷衣，立於百戲後，各持兩鏡，高下其手，鏡光閃爍，如祠廟所畫電母，此爲異爾」。這可能是女眞人信奉薩滿教的宗教儀式。總之，宋朝使者看得眼花撩亂，目瞪口呆，沒想到金朝有如此輝煌的皇宮、奢靡豪華的生活用品，以及十分講究禮儀的排場，而且看得出來他們處處學習中原的禮樂文化，又顯然想要超越中原文化，藉此耀武揚威。也就是說，女眞族人的學習其實都是爲了滿足其併呑中原的野心。

所以宋朝人所看到的夷狄，已經不是先秦、兩漢、隋唐時期所面對的未開化的游牧民族。在他們的眼中，夷狄確實有一種與自己同類的感覺，既然與自己表面上極度類似，而骨子裡卻又存在著根本的差別，這就很容易引發宋人的厭惡感！所以我們前面提到陳敦說「猢猻弄人」，而蘇軾認同，他們的心理因素即源於此。而且夷狄學習中原文化，學得極像，甚至於超越了中原，這又讓宋人感到莫名的恐懼！

夷狄強效華風，進而想要以夷變夏，這就是蘇東坡生活的時代，宋人必須面對的國際局勢與困境。當時的朝廷不僅在外交上面臨了新的挑戰，使他們處理得左支右絀，還有重文輕武的思想，恐怕也是使他們在戰場上失利的主要原因。王嚴等三位位高權重的樞密使都對軍事國防一無所知，因爲他們自年少起刻苦讀書，通過國家提拔文官的制度而晉升。甚至有宋一朝，重文抑武的方針自趙匡胤以來便已穩穩地確立，爾後歷代皇帝守著家法以文治國，導致連樞密院也失了武功。

然而《禮記・祭法》有云：「湯以寬治民而除甚虐，文王以文治，武王以武功，去民之災，此皆有功烈於民者也。」從此，歷代所謂治世，皆以「文治武功」並列，偏廢不可，否則導致後患無窮。

蘇東坡特別寫下〈曹瑋語王皞元昊爲中國患〉，這篇文章只是如實記錄，並未出言批評，顯然因王家是至交，不方便多說什麼。然而僅是記錄，許多意見也就盡在不言中了。

曹瑋語王臞元昊爲中國患

天聖中，曹瑋以節鎮定州。王臞為三司副使，疏決河北囚徒，至定州。瑋謂臞曰：「君相甚貴，當為樞密使。然吾昔為秦州，聞德明歲使人以羊馬貨易於邊，課所獲多少為賞罰，時將以此殺人。其子元昊年十三，諫曰：『吾本以羊馬為國，今反以資中原，所得皆茶綵輕浮之物，適足以驕惰吾民，今又欲以此戮人。茶綵日增，羊馬日減，吾國其削乎！』乃止不戮。吾聞而異之，使人圖其形，信奇偉。若德明死，此子必為中國患，其當君之為樞密時乎？盍自今學兵講邊事？」臞雖受教，蓋亦未必信也。其後臞與張觀、陳執中在樞府，元昊反，楊義上書論土兵事，上問三人，皆不知，遂皆罷之。臞之孫為子由婿，故知之。

延伸思考

以王道而行

每當負面情緒湧上心頭，
我們經常忽略了應該要正面思考。
你覺得怎麼提醒自己，
以後才不會重蹈覆轍？

第四單元／追憶似水年華

有醫生當朋友眞好！

——〈記與歐陽公語〉、〈游蘭溪／游沙湖〉、〈單驤孫兆〉、〈參寥求醫〉

中醫藥的效用問題，一直是許多人的對話焦點。支持者相信它以陰陽五行將人體的氣、形、神視爲一體，在望、聞、問、切四診合參之中，自然可以探求病因、判斷邪正消長，再使用藥材、針灸、跌打、拔罐等治療方式，達到療效。

但是也有人質疑它的科學性，例如：未經過盲測及三期實驗等等。有趣的是，明代大醫學家李時珍在他的著述中，記載了許許多多令人匪夷所思的醫療技術與藥方，這恐怕加深了中醫藥的玩笑性，於是讓人更裹足不前了。《本草綱目．邪祟》記載：長不大的果子、桃花、桃白皮、桃膠、桃毛、桃仁等可以治療邪祟。《本草綱目》卷八：「故鋸可以治療誤呑食竹木，方法是燒故鋸令赤，漬酒熱飲。」將舊鋸子燒紅可以治療誤呑竹木。還有將魚笱、魚網燒成灰或煎湯，可醫治魚骨鯁喉。將捆豬的繩索，或綁牛的繩索燒成灰，專治小兒驚啼。還有將貓或狸貓的毛燒成灰，可治鼠瘺

（疔瘡），因爲古人相信身上長瘡是被老鼠舔過，既然貓能抓老鼠，那麼貓毛應該就有效。《本草綱目．古鏡》中，李時珍甚至認爲：「鏡乃金水之精，內明外暗。古鏡如古劍，若有神明，故能辟邪魅忤惡。凡人家宜掛大鏡，可辟邪魅。」凡此種種，不一而足，當然使人啼笑皆非，對於中醫藥感到懷疑。

事實上，早於明朝三百年，北宋時期的大文人歐陽修已經質疑這些民俗療法。蘇軾在一篇回憶文章〈記與歐陽公語〉中說道：「歐陽文忠公嘗言：有患疾者，醫問其得疾之由，曰：乘船遇風，驚而得之。」既然病患冒冷汗的原因是乘船時遇到風浪，那麼醫生就把用過多年的船舵把手刮成粉末，加上丹砂、茯神，給這位舵工喝了，沒想到藥到病除！歐陽修很感嘆，現在很多醫生憑著有趣的想像力來用藥，如同兒戲一般。問題是只要偶有療效，大家就信以爲眞了。

而蘇東坡是個非常風趣的人，也老愛開玩笑！他藉著恩師所說的話，繼續延伸道：「如此說來，只要將筆墨燒成灰，就可以治療學者的昏庸與懶惰；拿伯夷的洗澡水來服用，就能治療人們的貪婪；吃了比干的剩菜飯，還能治療人心的奸詐和虛僞；舔一舔樊噲的盾牌，就能夠治好將士們的膽怯；聞一聞西施的耳環，也能瞬間爲容貌醜惡的人整形了。」歐陽修恐怕是還沒聽完就已經呵呵大笑了！看來蘇軾的想像力與聯想力，要比當時的醫生更豐富，更敏捷了！

蘇東坡想起這件事來，是在元祐六年閏八月十七日，他乘船進入潁州界，回想起二十年前歐陽修在此地與他說話的情景以及他們的談笑之語，於是在同年十一月，東坡手書歐陽修的〈醉翁亭記〉，其碑石在今天的安徽省全椒縣。原石在宋朝的時候已經毀壞，我們現在所能看到的是明嘉靖年間的重刻石。雖然宋刻本字有些漫漶，但其書體藝術實遠在明代的刻本之上。此碑書寫於歐陽修逝世後近二十年，通篇字體大氣雄渾，無一筆鬆懈。足見東坡居士對於曾經提拔他的歐陽文忠公是多麼地尊敬和寄予懷念。

雖然東坡順著歐陽修的話，曾經調侃過中醫。但實際上，他最佩服的好朋友，就是中醫師。當初他被貶黃州的時候，因為是犯官的身分，不允許住在官舍，朋友們臨時幫他找了一塊地蓋房子，他也因此而自號「東坡」。可是這塊土地也是公有的，總有一天會被收回。因此東坡最好的方式，還是擁有自己的土地，才能夠安心。經朋友介紹，在黃州東南三十里處，有個地方名為沙湖，又叫做螺師店。東坡打算去那裡買田。可是就在去沙湖看田的時候，他突然生病了！又經朋友介紹，說是在麻橋一帶有位名醫，名叫龐安常。他就是東坡後來很要好的一個朋友，東坡很欣賞他，因此為他寫了三篇文章。

龐安常這個人雖然很擅長醫術，但是卻是個聾人。東坡又不會手語，那麼他應該如何與醫生溝通，以求得醫療呢？幸好安醫師雖然耳聾，但卻是「穎悟絕人」！東坡「以紙畫字」，才寫不到幾個字，安醫師已經完全了解他的意思了。這麼聰明的人，難怪蘇軾喜歡他。

東坡於是開玩笑說道：「我以手為口，君以眼為耳」，我們倆也堪稱奇人了！很快地，蘇軾的病就完全好了，他邀請安醫師與他同遊清泉寺。這座寺廟在蘄水郭門外二里遠的地方。最棒的是，有王羲之的洗筆泉，水質清澈甘美，下臨蘭溪，而且溪水向西流。

東坡很快樂地作了一首詩：「山下蘭芽短浸溪，松間沙路淨無泥，蕭蕭暮雨子規啼。誰道人生無再少？君看流水尚能西，休將白髮唱黃雞。」誰說人老了不能再少年？那溪水不向東卻反而向西流，我們雖然老了，還能如同那報曉的公雞，有精神有朝氣呢！

這篇文章的最後一句話，最精彩！「是日劇飲而歸。」東坡與龐醫師都是雅士，有共同的喜好，所以能夠相攜暢遊王羲之的故里，興致所到，吟詠成章。兩人惺惺相惜，引爲知己，於此必須痛飲一場，方見情深……。

不過，在單純討論到醫術的問題上，蘇軾回憶起另一個人，和他一樣是四川人，名字叫單驤，因爲每次考試都落第，於是開始行醫，而他的醫術主要是來自《難經》和《素問》，前者是《黃帝八十一難經》的簡稱，旨在闡發《黃帝內經》的疑難。明代劉伯溫在《郁離子》一書中指出這部藥典是出自戰國時人的言論，據他推算「《素問》、《難經》成於楚懷王以前」，可知這兩部醫書是很古老的典籍。

單驤讀這種古書，往往能夠突發奇想！東坡說他：「別出新意，往往巧發奇中。」雖然這位醫師讀書很別出心裁，也有神奇猜中的時候，然而一旦失誤，也會發生嚴重的後果。當時宋仁宗皇帝身體不適，下詔孫兆與單驤入宮治病，有一段時間，他們兩位都得到了極豐厚的賞賜！但是沒多久，皇上就病危了！結果這兩人都被判死罪，幸好皇太后仁慈，體察他們其實沒有罪，但是他們從此也斷絕了行醫好多年。這就是作爲御醫的悲哀吧！看來還是當東坡的醫生最好！蘇軾只要一想到龐安常就眉飛色舞，他說龐醫師的醫術也來自很古老的典籍，而且有他個人的心領神會。龐醫師尤其擅長針灸，雖然耳朵聽不見，但是替人治病既靈驗又神奇！而且他從前知道的單驤，與如今的好朋友龐安常，有個共同點，那就是看病不要錢，同時他們的學問都很大！博古又通今，這是東坡特別看重他們，覺得他們有過人之處的原因。東坡說這話的時候，是因爲左手不知道爲什麼腫了，結果讓龐安常「一鍼而愈」，因此有感而發。

說到龐安常作爲一名醫生，看病不要錢，那他喜歡什麼呢？答案是古書和字畫，這就難怪東坡會那麼欣賞他了！龐醫師每每得到一幅書法或字畫，都高興得不得了！後來有江湖術士給東坡用藥，事後東坡沒有錢付醫療費，便寫了幾張行草贈送，還告訴這江湖郎中：「這是龐安常大夫的雅事，你別忘了！」這事情又牽連到東坡的另一位朋友參寥子，此人正是北宋著名的詩僧道潛，字參寥，號參寥子，哲宗賜號爲妙總大師，道潛則是蘇軾爲他取的名。道潛精通禪法，學問淵博，又擅長詩文，乃當時僧人文士化的名家，與蘇軾、蘇轍、曾鞏、曾肇、秦觀等人都有詩文來往，或談禪論道，或訪幽探勝，因而結下了良緣。

話說道潛生病的時候，找了一位胡醫師來診治，但是沒有錢付費，而且他本人還不擅長寫字與繪畫，便急著來求告蘇軾。蘇軾笑了：「您可是三祖僧璨大師、無可大師、皎然大師、靈徹大師等一流的人物，何不給他兩首詩就好了？」

東坡自己想想都覺得好笑：「龐安常與胡醫師二君都是我的好友。他們要是聽到我這麼說，寫一幅字，給兩首詩，大約都要喊出：『索我於枯魚之肆』吧！」最後這句《莊子・外物》的引文，眞的有意思！典型的文人雅趣。東坡即使在黃州生活窘困，也能夠寫文章細數朋友們的逸事，眞可謂無入而不自得！至於中醫的療效，我覺得倒不需要與西醫強比，若是一定要比，那就應該比比誰醫得好囉！

記與歐陽公語

歐陽文忠公嘗言：有患疾者，醫問其得疾之由，曰：「乘船遇風，驚而得之。」醫取多年柂牙為柂工手汗所漬處，刮末，雜丹砂、茯神之流，飲之而愈。今《本草注•別藥性論》云：「止汗，用麻黃根節及故竹扇為末服之。」文忠因言：「醫以意用藥多此比，初似兒戲，然或有驗，殆未易致詰也。」予因謂公：「以筆墨燒灰飲學者，當治昏惰耶？推此而廣之，則飲伯夷之盥水，可以療貪；食比干之餕餘，可以已佞；舐樊噲之盾，可以治怯；齅西子之珥，可以療惡疾矣。」公遂大笑。元祐六年閏八月十七日，舟行入潁州界，坐念二十年前見文忠公於此，偶記一時談笑之語，聊復識之。

游蘭溪／游沙湖

黃州東南三十里為沙湖，亦曰螺師店。予買田其間，因往相田得疾。聞麻橋人龐安常善醫而聾。遂往求療。安常雖聾，而穎悟絕人，以紙畫字，書不數字，輒深了人意。余戲之曰：「余以手為口，君以眼為耳，皆一時異人也。」疾愈，與之同游清泉寺。寺在蘄水郭門外二里許。有王逸少洗筆泉，水極甘，下臨蘭溪，溪水西流。余作歌云：「山下蘭芽短浸溪，松間沙路淨無泥，蕭蕭暮雨子規啼。誰道人生無再少？君看流水尚能西，休將白髮唱黃雞。」是日劇飲而歸。

單驤孫兆

蜀人單驤者，舉進士不第，顧以醫聞。其術雖本於《難經》、《素問》，而別出新意，往往巧發奇中，然未能十全也。仁宗皇帝不豫，詔孫兆與驤入侍，有間，賞賚不貲。已而大漸，二子皆坐誅，賴皇太后仁聖，察其非罪，坐廢數年。今驤為朝官，而兆已死矣。予來黃州，鄰邑人龐安常者，亦以醫聞，其術大類驤，而加之以鍼術絕妙。然患聾，自不能愈，而愈人之病如神。此古人所以寄論於目睫也耶？驤、安常皆不以賄謝為急，又頗博物，通古今，此所以過人也。元豐五年三月，予偶患左手腫，安常一鍼而愈，聊為記之。

參寥求醫

龐安常為醫，不志於利，得善書古畫，喜輒不自勝。九江湖道士頗得其術，與予用藥，無以酬之，為作行草數紙而已，且告之曰：「此安常故事，不可廢也。」參寥子病，求醫於胡，自度無錢，且不善書畫，求予甚急。予戲之曰：「子粲、可、皎、徹之徒，何不下轉語作兩首詩乎？」龐、胡二君與吾輩游，不日「索我於枯魚之肆」矣。

走到生命盡頭的覺悟——〈贈張鶚〉、〈記三養〉

養生之道，是老生常談。而一般人談到這個話題，大多會聯繫或者引用到老莊哲學，尤其是莊子。唯有蘇東坡，特別從《戰國策》切入，而且與之拉開了對話的空間。

據說是有位名喚張鶚的朋友拿了紙來向他求字，而且他看待蘇東坡的字，就如同看到藥一般地具有療效。東坡大約也覺得這個說法很有意思！於是開始搜索腦海中的佳言錦句，希望對朋友帶來規箴的效果。

有了！《戰國策》裡就有一個現成的方子，而且東坡自己服用後，覺得很有療效，所以決定傳授給朋友。而這個藥方只有四味藥，分別是：

無事以當貴，
早寢以當富，

安步以當車，晚食以當肉。

事實上，東坡爲朋友題寫的這個藥方子，出自《戰國策・齊策四》，原文是：「晚食以當肉，安步以當車，無罪以當貴，清靜貞正以自虞。」生活中，沒有太多瑣碎和煩心的事，也沒有過錯與罪愆，而且每天能夠早些就寢，睡眠品質又好，那就是眞富貴了！每天緩緩地走路，心情清淨安穩而又逍遙。不妨晚點吃飯，等肚子眞餓了，才吃得香！能夠這樣過生活，就是一帖良藥，既養生，又使人感到幸福快樂！

所以東坡進一步告訴我們：「夫已飢而食，蔬食有過於八珍，而既飽之餘，雖芻豢滿前，惟恐其不持去也。」肚子餓了，就算是清淡的菜蔬，吃起來也像上等美味的珍饈，怕的是吃太飽，那麼即使滿漢全席在面前，也實在看不上眼。

但是蘇東坡認爲人們如果做到了《戰國策》所提出的標準，那也只是能夠很好地應付窮困的生活而已。我們應該要提升自己的心境，將「安步當車」改成「安步自佚」；「晚食當肉」提升至「晚食爲美」，這樣才是東坡理想中的自由心境。因爲如果說「安步當車」與「晚食當肉」，那就表示我們心心念念還想要坐車，還想要吃肉。所以應該打從心眼裡摒棄這些物慾，才能夠過上眞正愜意暢懷的生活，達到清靜無爲的生命境界。因此東坡將《戰國策》的句子修改了之後，在一個更高的層次上，爲朋友提供了心靈的藥方。

類似的言論，還有〈記三養〉。東坡居士白紙黑字立下了誓言：「從今往後，每天的飲食，不超過一杯酒和一份肉。若是遇到有尊貴的客人來訪，那就端出三樣好菜，而且只能減不能增。若有人請我吃飯，我就告訴他我的新原則，要是他不按照我的意思來做，我就不依。」東坡生活在北宋年間，一千多年前的他，不可能測量出自己是不是有心血管等三高的指數。他之所以這麼立下誓言，是爲了三個保養自己的理由：

安分以養福，
寬胃以養氣，
省費以養財。

蘇軾讓自己安分地每天只喝一杯酒，只吃一份肉，絕對不能多，而且可以減。這是要寬胃以養身養福氣，同時還可以省錢。但有意思的是，這篇文章寫於元符三年八月。這一年，蘇東坡在海南島歷經了困難險阻，還差點被蔡京派去的人給謀害。好不容易在六月二十一日，他回到了大陸。先是遷到廣西合浦，接著調到湖南永州，然後是廣東英州，最後「任便居住在外軍州」，意思是隨便他選擇偏遠州郡居住。就是在這樣顛沛流離的險惡條件下，而且他還不知道自己的生命已經剩下不到一年的時刻，東坡寫下了〈記三養〉。看來他是有一種大澈大悟的決心。

我想往前追溯他十多年前的一段生活軌跡，來作爲上述那段時刻的對照。在元祐初年，宋哲宗即位時，朝廷由高太后垂簾聽政，她重新啓用蘇軾擔任禮部郎中、中書舍人，不久之後，再遷翰林學士、知制誥。到了元祐二年，又除翰林侍讀。十一月，再拜戶部侍郎。至元祐三年，蘇軾以翰林學士知貢舉，開始負責全國的科舉取士。我們看見他在這三年內相對的平步青雲、高飛騰舉。而他也戮力從公，尤其是在知貢舉這個位置上進行了相當程度的制度改革。

但問題是，以東坡的脾氣，肉可以少吃點，酒也可以喝一小杯，但是話卻不能少說一句！

從元祐年間開始，蘇軾回到朝廷之後，就在司馬光的祭典儀式上，大開理學家程頤的玩笑，指稱他迂腐。這件事情隨即被言官抓住把柄，連章彈劾，而且這樁彈劾案，還不只一人上了劄子，而是有很多人加入了彈劾蘇軾的行列，雖然最後被高太后給壓下來了，內批：「不須彈奏」。然而蘇軾與程頤的關係在這兩三年之內，卻持續地惡化，甚至引發了各自黨徒之間互相的惡意攻訐，火勢延燒朝野，當然最後還是燒到了蘇軾自己的身上。

當時的蘇軾也許管得住自己的口腹之欲，卻總是管不住滿腹經綸因此能言善辯的一張嘴。那時的東坡才四十九歲，還不懂得惜福和養氣，直待走到生命的盡頭，才有所悟，至六十五歲才立下「三養」之誓言，豈不惜哉！

贈張鶚

張君持此紙求僕書，且欲發藥。不知藥，君當以何品？吾聞《戰國策》中有一方，吾服之有效，故以奉傳。其藥四味而已：一曰無事以當貴，二曰早寢以當富，三曰安步以當車，四曰晚食以當肉。夫已飢而食，蔬食有過於八珍，而既飽之餘，雖芻豢滿前，惟恐其不持去也。若此可謂善處窮者矣，然而於道則未也。安步自佚，晚食為美，安以當車與肉為哉？車與肉猶存於胸中，是以有此言也。

記三養

東坡居士自今日以往，不過一爵一肉。有尊客，盛饌則三之，可損不可增。有召我者，預以此先之，主人不從而過是者，乃止。一日安分以養福，二日寬胃以養氣，三日省費以養財。

元符三年八月。

今日眞敗矣！——〈賀下不賀上〉、〈樂天燒丹〉

我一直很喜歡蘇東坡〈賀下不賀上〉這一篇文章。開頭第一句即下斷言：「賀下不賀上，此天下通語。」至少當時的社會風氣都是如此，士大夫做滿一任官，在社會上與官場上都沒有毀謗之聲，而心中自忖也算對得起家國社會了。人若能在這個時候卸任，這實在太難得了！眞是値得萬人祝賀慶幸啊！所以說「賀下不賀上」。想想能夠除下肩上的重擔，那樣的感覺就好像在大熱天裡行走，雖然還沒走到家，但是中途來到了一間清涼館舍，能夠暫時脫下悶熱的衣服，好好沖個水，這實在是有說不出的暢快！

不過眞正的人生樂事，還得在退休之後，才能享受得到。那時可以解除身上的束縛，盡情地徜徉在山野林泉之間尋幽訪勝。這時候再回顧一生縱橫官場，如果發現這輩子似乎也沒有什麼可恨之人。那麼這樣的快樂，就更是無法用言語來形容了！

東坡說他在歐陽修的門下待得最久，所以曾經親眼見到這位大文人總是急切渴望著退休歸隱。別人說希望歸園田居，可能只是說說而已，但歐陽修說這話確乎是至情至性的，感覺像是飢餓的人總想著食物一般。只可惜，在政治情勢上不由得他提早退休。而可悲的是，能夠從官場上退下來的時間點，不外乎是爲了想做的事情而得罪了人，最後生病於是下野。唉，士大夫想要從官場上退下來，談何容易！所以在蘇軾所生活的那個時代，大家只祝賀那些可以全身而退，下臺一鞠躬的人；並不會去祝賀升官進爵之流，因爲這些人還在水深火熱之中。

「賀下不賀上」這句話出自宋朝官場上的集體潛意識，若非有切身的感受，怎能說出來這樣的經驗談來？東坡總結說：「君子之欲退，其難如此，可以爲進者之戒。」

其實蘇軾本人早先就是想退而退不了的人。也許到後來他也認命了。他相信命中注定這回事，所以於是舉了白居易的例子來證明。白居易曾經在廬山結了一座草堂，希望在此過著修道的生活。所以他開始煉丹，然而就在快要成功的時候，爐鼎突然崩壞了！果然，不久之後，他接到聖旨，接任忠州刺史。士大夫的出世與入世是不可能並行的，而且往往事與願違。例如：白居易希望修道成仙，只是丹未煉成，而派令先到，那就莫可奈何了。東坡也說，他長久以來就有歸隱之志，但時不我與，那就如同白居易一般，只因「世間事未敗」，爾後眞的走到一敗塗地，這時就終於可以如願退場了。只不過，到那時東坡也只能深深喟嘆：「今日眞敗矣。」然而這也還算是應驗了古老的《尚書》裡的一句話：「民之所欲，天必從也。」

做官或許不是件好事，只是古往今來的讀書人都看不開，一個勁兒地往裡鑽，最後想出也出不來，想退也退不得，這時才知道箇中的苦楚。「賀下不賀上」這句話反省了《論語》「仕而優則學，學而優則仕」，將讀書與做官綁在一起的古老觀念，使我們得以重新釐清自己的稟賦與生命理想，至少蘇軾在此中體會甚深！世人都知東坡豁達，卻不知他何以能夠如此。其實也就是憑藉著「今日眞敗矣」的經驗累積，在懇切地自我反省之後，終於獲得了思想上的解放與躍進。

賀下不賀上

賀下不賀上，此天下通語。士人歷官一任，得外無官謗，中無所愧於心，釋肩而去，如大熱遠行，雖未到家，得清涼館舍，一解衣漱濯，已足樂矣。況於致仕而歸，脫冠佩，訪林泉，顧平生一無可恨者，其樂豈可勝言哉！余出入文忠門最久，故見其欲釋位歸田，可謂切矣。他人或苟以藉口，公發於至情，如飢者之念食也，顧勢有未可者耳。觀與仲儀書，論可退之節三，至欲以得罪、病而去。君子之欲退，其難如此，可以為進者之戒。

樂天燒丹

樂天作廬山草堂，蓋亦燒丹也，欲成而爐鼎敗。來日，忠州刺史除書到。迺知世間、出世間事，不兩立也。僕有此志久矣，而終無成者，亦以世間事未敗故也，今日真敗矣。《書》曰：「民之所欲，天必從也。」信而有徵。

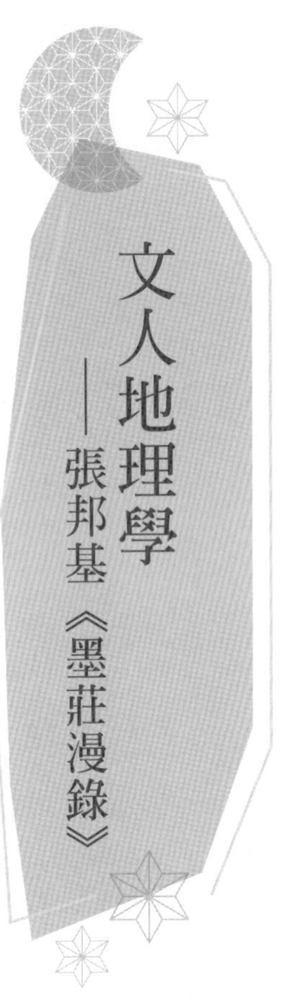

文人地理學——張邦基《墨莊漫錄》

我若是在臺北，經常會將行程排得滿滿，開會、演講、餐會、看戲、觀展……，趕場再趕場，非要忙得精疲力盡不可！

我若是在花蓮，下課之後，就會到詩經花園看看梅花、桃花、李花、櫻花……，回宿舍的目的，就是要聞聞我的玫瑰香不香？

當我回到了宜蘭，那就得盯緊了孩子的功課與三餐，問問學校的情況，與同儕相處的話題。直到他上床睡覺，我們還要抱抱說晚安。

不同的城市賦予我不同的性格與生活，東坡亦然。

當他在杭州的時候，西湖就是他心上最柔軟的一片雲。東坡經常一個人面對著旖旎的湖水獨坐。有一回，來了兩個朋友相陪。聊著聊著，忽然望見湖心有一艘華麗的小船漸漸靠近。不僅小船華美，船上還有好幾位裝扮艷麗的俏佳人。不僅佳人艷麗，她們中間更有一位絕色女子，正以纖纖玉手撫弄著古箏。看上去，年齡大約三十幾。「風韻嫻雅，綽有態度。」東坡依稀記得。而這兩位朋友的眼睛簡直沒有一刻放鬆。可惜美人的曲子還沒彈完，小彩船已經翩然遠去了。爲這曾經驚鴻一瞥的美麗畫面，東坡塡了一闋〈江城子〉：「鳳凰山下雨初晴。水風清，晚霞明。一朵芙蓉開過，尚盈盈。何處飛來雙白鷺，如有意，慕娉婷。忽聞江上弄哀箏。苦含情，遣誰聽？煙斂雲收，依約是湘靈。欲待曲終尋問取，人不見，數峰青。」爲了這一朵盈盈的芙蓉，東坡想問那琴聲中略含著苦澀，是爲了誰？詩人總是因著一朵微笑、一個眼神而沉醉、而心碎。在漸漸離去的樂音裡，東坡也許還要問：爲什麼自己總是「多情卻被無情惱」？

當他在揚州的時候，有一天晚上做了個夢。夢裡置身於一座森林，突然間，猛虎飛奔而來！牠想吃了東坡！東坡驚怖萬狀，無路可逃。這時突然出現了一位身穿紫袍，頭戴黃冠的男子，他一揮手，展開了寬大的袖面，掩護著東坡，並且斥喝老虎，命牠離去。

第二天，有個道士來拜見，他開口就問：「昨天晚上，害不害怕呀？」東坡勃然大怒：「大膽鼠輩！竟敢如此恐嚇本官！本來應該要重重地責打你，我難道會不曉得你那一點小伎倆嗎？」那道士隨即被嚇得倉皇而退。

也是在揚州，東坡來到石塔寺，因爲不能久留，那戒公長老便來話別。他們說些什麼呢？東坡云：「經過草草，恨萬一別石塔塔。」我匆匆路過，可惜沒能仔細端詳，又不知這一別，將來還能再見否？「咦，這是一座佛塔吧？……仔細看，牆上有裂縫。」長老是這樣回答東坡的：「若是沒有裂縫，怎麼容得下世間的螻蟻呢？」東坡當下又領悟了，就是因爲不完美，才能有大包容。有這樣的理解，就該記得這樣美好的日子，那是元豐八年八月二十七也。

當他到了儋州，東坡作了〈儋耳山〉，詩云：「突兀隘空虛，他山總不如。君看道傍石，盡是補天餘。」這裡的山高聳突兀地獨自鑽向天空！旁邊的群山難以望其項背，東坡放眼望去，道路旁的山石，一個一個都是不同凡響！啊，眾裡尋他千百度，驀然回首，那傳說中的補天石，原來最後都落在這裡。

當他回到東京，那是個充斥著官場文化的都城。東坡在翰林院，撰寫端午佳節的帖子，有詩云：「上林珍木暗池臺，蜀產吳苞萬里來。不獨盤中見盧橘，時於粽裡得楊梅。」雖然粽子裡面有楊梅，感覺有點奇怪！但繼而一想，楊梅是夏熟的果實，也算是當令。我想，東坡那天的午餐飯盒，大約就是以竹葉裹成，中間含著一顆楊梅的尖角粽子吧。

還是說回黃州，那時東坡的死黨陳季常住在岐亭，兩人時常相往來。而季常喜談養生，自認爲在吐納方面很有心得。但是不久之後，季常卻生病了！東坡便寫信調侃他：「您說對養生之道很有心得，可是這會兒一病就病了一個多月！這要叫法官來評評理，可能他也評不出個道理來！您的養生啊，眞是小子圓覺、蹩腳法師、鸚鵡談禪、五孔的氣球、太監的小妾……，都是虛設的吧！」

每一座城一旦有了東坡的足跡，就有了個性。不相信，我說給你聽聽：杭州意味著浪漫的艷遇；揚州是一篇篇奇幻小說的串聯；儋州承載了偉大的補天神話；而汴京，意味著在大都會的現實生活裡，偶爾會出現一「顆」小驚喜！若是眞的被貶到了黃州，你就會看到大師與大師之間，是如何開對方的玩笑來解悶了。

附錄原文

墨莊漫錄

卷一

東坡在杭州，一日遊西湖，坐孤山竹閣，前臨湖亭上。時二客皆有服，預焉。久之，湖心有一彩舟漸近，亭前靚妝數人。中有一人尤麗，方鼓箏，年且三十餘，風韻嫻雅，綽有態度。二客競目送之。曲未終，翩然而逝。公戲作長短句云：「鳳凰山下雨初晴。水風清，晚霞明。一朵芙蓉開過，尚盈盈。何處飛來雙白鷺，如有意，慕娉婷。忽聞江上弄哀箏。苦含情，遣誰聽？煙斂雲收，依約是湘靈。欲待曲終尋問取，人不見，數峰青。」

東坡作〈儋耳山〉詩云：「突兀隘空虛，他山總不如。君看道傍石，盡是補天餘。」叔黨云：「『石』當作『者』，傳寫之誤。一字不工，遂使全篇俱病。」

卷二

東坡先生知揚州，一夕，夢在山林間，忽見一虎來噬，公方驚怖，有一紫袍黃冠以袖障公，叱虎使去。明日，有道士投謁曰：「昨夜不驚畏否？」公曰：「鼠子乃敢爾！本欲杖汝脊，吾豈不知子夜術耶？」道士惶駭而退。

卷三

東坡為翰苑，元祐三年，供端午帖子，有云：「上林珍木暗池臺，蜀產吳苞萬里來。不獨盤中見盧橘，時於粽裡得楊梅。」每疑「粽裡楊梅」之句。《玉臺新詠》徐君〈舊共內人夜坐守歲詩〉：「酒中喜桃子，粽裡覓楊梅。」今人未見以楊梅為粽，徐公乃守歲詩，楊梅夏熟，歲暮安有此果，豈昔人以乾實為之耶？東坡以角黍為午日之饌，故借言之耳。

卷四

東坡自常州赴登州，經過揚州石塔寺，長老戒公來別，東坡云：「經過草草，恨萬一別石塔塔。」起立云：「這個是磚浮圖耶？」坡云：「有縫。」答云：「若無縫，何以容得世間螻蟻？」坡首肯之。元豐八年八月二十七也。明日，坡又作詩贈之云：「竹西失卻上方老，石塔還逢惠照師。我亦化身東漢去，姓名莫遣世人知。」

卷七

東坡在黃州，陳慥季常在岐亭，時相往來。季常喜談養生，自謂吐納有所得。後季常因病，公以書戲之云：「公養生之效有成績，今又示病彌月，雖使皋陶聽之，未易平反。公之養生，正如小子之圓覺，可謂害腳法師鸚鵡禪、五通氣球黃門妾也。」前輩相與，可謂善謔也。

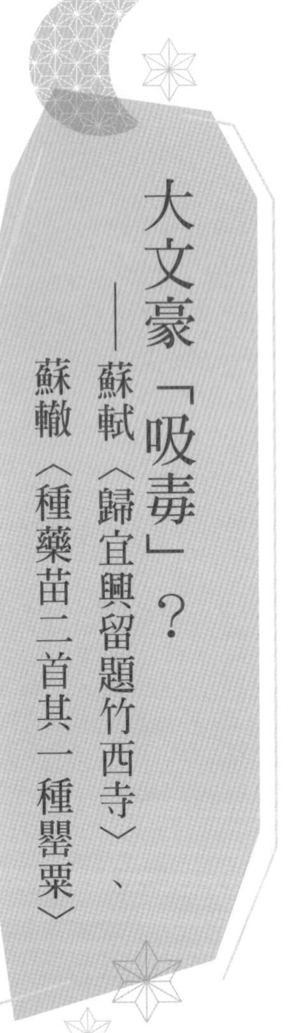

大文豪「吸毒」？——蘇軾〈歸宜興留題竹西寺〉、蘇轍〈種藥苗二首其一種罌粟〉

我所參與的扶輪社，近日舉辦了一場「反毒——幻醒者聯盟」活動。社友們進入校園，教導孩子們辨識偽裝成糖果的毒品、了解吸毒後的症狀及其對腦部的危害，並且藉著許多遊戲的設計，逐步讓孩子們理解新興毒品的樣貌。我也曾經聽少年觀護所的輔導老師說，觀護所裡很大一部分收容人都源自於吸毒，而且出去之後的回流率也很高，因爲他們無法澈底戒斷。可嘆這樣的惡性循環，不知道毀了多少青春美好的生命！我們由衷地希望下一代都能在健康的環境中成長，避免毒品的誘惑與浸染。

雖然今天大家談「毒」色變，但是對於千年前的宋代文人蘇軾與蘇轍兩兄弟而言，這卻是一件再愜意不過的事！這到底是怎麼回事呢？當年東坡寫到「罌粟湯」的時候，是伴隨著涼風微微，他靠在藤床與瓦枕上，因著「此生已覺都無事」，便悠然自若地徜徉在野花鳥啼的山中歲月裡。詩篇之暢懷，彷彿連紙上的文字都要飄走了……。東坡這樣飄飄然地快樂著，還真有點像是清朝末年吸食鴉片者的自述：「整個人陷入飄飄欲仙的狀態，不再理會凡塵俗世。」

事實上，蘇東坡寫〈歸宜興留題竹西寺〉這首詩的時間，是在元豐八年，而這一年，他也確實應該感到愜懷！原來在前一年，皇帝已經讓蘇軾由黃州遷移到汝州。基本上，是還給他一部分的自由。而且汝州離首都汴京的距離，比起黃州近多了！這也應該可以視爲一種對蘇軾寬宥的政治語言，因而讓他感到欣慰吧！

在赴汝州之前，他先去找弟弟蘇轍一起過了端午節，之後他去遊廬山，寫下了著名的〈題西林壁〉：「橫看成嶺側成峰，遠近高低各不同。不識廬山眞面目，只緣身在此山中。」然後又與長子蘇邁共遊鄱陽湖石鐘山，是時又有一篇好文傳世——〈石鐘山記〉。接著，他到了金陵，專程去拜訪王安石。王安石當時已經下野八年了，只見他騎了個毛驢悠哉悠哉地晃到蘇軾的面前，兩人相逢一笑泯恩仇，談天說地，而且彼此相互欣賞。東坡甚至起心動念想在金陵城置產安居，好與荊公爲鄰。然而不久之後，朝雲所生的小兒子僅十個月便夭折，東坡傷痛之餘，興起了歸老的念頭。他上書神宗皇帝希望到常州定居。然後時間進入到元豐八年，東坡四十九歲了。他獲接聖旨，蒙恩放歸陽羨，這裡位於太湖西岸，也就是今天的江蘇宜興，宋代屬於常州。蘇軾當即開懷賦詞一首〈滿庭芳．恩放歸陽羨〉：「歸去來兮，清溪無底，上有千仞嵯峨。畫樓東畔，天遠夕陽多。老去君恩未報，空回首、彈鋏悲歌。船頭轉，長風萬里，歸馬駐平坡……。」

可是就在他往常州去的路上，消息傳來：神宗駕崩了！此時蘇軾一家人已經走到了揚州。揚州風光好，使他陰霾的情緒一掃而空，而且他一心一意以爲自己可以從此退休並且定居在常州。於是題了這首心情歡暢的詩在竹西寺的壁上，講述自己終於結束了東飄西蕩的十年生活，這回定要好好做個田舍翁！

只可惜政敵見不得他好。因此再度咬住這首詩不放！「神宗皇帝才剛過世，你怎麼能寫出如此快樂的詩呢？這是大不敬！」蘇東坡再度陷入孤軍奮戰的險境，幸好蘇轍很聰明，他向新皇哲宗解釋他哥哥的詩中有：「山寺歸來聞好語」，便是慶賀新皇登基。這才解除了東坡的危難。

而詩中的罌粟，就是阿芙蓉。這種花非常美麗，然而刮取其汁，卻可以製作鴉片。不過昔日古人實際上是稱其爲「鶯粟」，乃指其花形像黃鶯鳥，而其籽像粟米，亦可食用。所以宋朝人是將這種可以吃的種籽歸入了糧食類，這也就是東坡說揚州的小孩子們會做罌粟湯的原因了。不過大家也別以爲這種花籽湯有多可口，在宋代由九位太醫合編的《開寶本草》一書中，將罌粟列入米穀之「下品」。而剛才提到那聰明的弟弟蘇轍，他晚年遇赦北歸之後，閑居在河南穎川家中，因爲生活很窘困，於是開始自己學習種植這種下品米粟：「予閑居潁（穎）川，家貧不能辦肉，每夏秋之交，菘芥未成，則盤中索然，或教予種罌粟、決明以補其匱，寓潁（穎）川諸家多未知此，故作種藥苗二詩以告知。」他在〈種罌粟〉一詩中說道：「畦夫告予，罌粟可儲。罌小如罌，粟細如粟。與麥皆種，與穄皆熟。苗堪春菜，實比秋穀。研作牛乳，烹爲佛粥。」這就解答了蘇軾在揚州看到家家戶戶煮的罌粟湯，與蘇轍晚年自種罌粟、煮佛粥的眞正原因，其實無非是因爲貧窮難度日，才吃這樣的食物。並非像許多人所說的那樣，以爲他們兄弟倆吸食了毒品。

至於罌粟成爲金丹、鴉片、阿芙蓉，流毒於天下，那是在明代以後，才越演越烈！尤其是清朝，毒品對人民的巨大傷害，導致國力衰弱，已成爲一頁難忘的傷心史，此亦足爲後人世世代代所警惕。不過這已經是後話了。

蘇軾〈歸宜興留題竹西寺〉

十年歸夢寄西風，此去真為田舍翁。
剩覓蜀岡新井水，要攜鄉味過江東。
道人勸飲雞蘇水，童子能煎罌粟湯。
暫借藤床與瓦枕，莫教辜負竹風涼。
此生已覺都無事，今歲仍逢大有年。
山寺歸來聞好語，野花啼鳥亦欣然。

蘇轍〈種藥苗二首其一 種罌粟〉

三年杜門，莫適往還。
幽人衲僧，相對忘言。
飲之一杯，失笑欣然。
我來潁川，如游廬山。

神奇的大蛤蠣！——〈登州海市並敘〉

父親常跟我說，小時候在中國大陸看見過海市蜃樓：「天空出現一座城市，有人、有車，來來往往，還有樓房，一切都很眞實。」因爲他是安徽人，所以我也是從小就知道，這種特殊現象，不僅在海邊可以看得到，在山間也可能出現蜃景。

至於蜃景的「蜃」這個字就是「大蛤蠣」的意思。在古代傳說中，神奇的大蛤蠣吐出來的煙，能幻化出一整座城市的立體影像。《史記・天官書》曾記載：「海旁蜄氣象樓臺；廣野氣成宮闕然。雲氣各象其山川人民所聚積。」在海邊望見的蜃氣狀似層層疊疊的亭臺樓閣；然而若是在廣袤的平野上，則能夠看到高大巍峨的宮殿城闕，總之各地的雲氣蜃景，看上去就與山川人民所聚集的景象相同。

然而這樣的景象，蘇軾親眼見到了！

元豐七年他離開了貶謫地黃州，準備赴任汝州，途經江州與泗州，大約是從今天的江西走到了安徽。因爲在這段時間裡，宋神宗駕崩，哲宗即位，高太后垂簾聽政，於是重新起復蘇軾，因此那年的八月十七日，東坡剛剛得命任登州知州，才五天，又被召爲禮部郎官，上京後半月，除起居舍人，入侍延和殿。然後接著任禮部郎中、中書舍人，再遷翰林學士、知制誥。這是在很短的時間裡，從七品官直升到了三品大員。

然而就在他任登州知州那短短的五天裡，於今天山東煙臺蓬萊海邊，東坡看到了海市蜃樓。當時他聽說這一帶曾經有人見過這樣的奇觀，於是積極詢問當地人，然而在地的父老們都說：「海市蜃樓經常出現在春夏之交，現在時序漸漸進入秋天了，今年恐怕是看不到了！」東坡因爲自己只能在此停留五天，不能見到這種天下奇觀，很是遺憾！於是他十分虔誠地到海神廟祈禱，沒想到第二天海市蜃樓就出現了！

「歲寒水冷天地閉，爲我起蟄鞭魚龍。重樓翠阜出霜曉，異事驚倒百歲翁。」當時在東方的天空先有雲海，看上去就像是神仙會出現的地方。接著他果然就見到了眾多仙人，以及變幻萬千的亭臺樓閣。那些矗立的在雲端的樓房街市，高高低低，層層疊疊，那景象嚇壞了百歲的老翁！

然而當強勁的海風一吹，海市蜃樓便突然煙消雲散，天空依然是斜陽萬里，大海平靜得就像一面鏡子。清初的蒲松齡在《聊齋誌異》卷六中也曾提到海市蜃樓的景觀：「忽見山頭有孤塔聳起，高插青冥。相顧驚疑，念近中無此禪院。無何，見宮殿數十所，碧瓦飛甍，始悟爲山市。未幾，高垣睥睨，連亙六七里，居然城郭矣。中有樓若者，堂若者，坊若者，歷歷在目，以億萬計。忽大風起，塵氣莽莽然，城市依稀而已。既而風定天清，一切烏有。」

蜃景的出現是因爲光線傾斜地進入另一個密度不同的介質，這時候光的速度就會發生變化，而且光線的進行方向也會發生折射。這一般的實驗中，我們若是將直桿傾斜插入水中時，就可以看到桿在水的上、下部分銜接不起來，好像折斷了一般，這就是光線折射的現象，也是蜃景出現的原理。

蘇東坡這次能夠看到如此難得的景觀，特別是還得到了海神的允諾，東坡於此信心大增！「人間所得容力取，世外無物誰爲雄。率然有請不我拒，信我人厄非天窮。」當一個人覺得老天爺都站在他這邊的時候，他一定不怕孤獨。東坡多年來一直處在困頓與險惡的環境中。所以這回經過祈禱後，能夠親眼看見海市蜃樓，對他的意義一定不亞於給了一劑面對未來的強心針。

附錄原文

登州海市並敘

予聞登州海市舊矣，父老云：「常出於春夏，今歲晚不復見矣。」予到官五日而去，以不見為恨，禱於海神廣德王之廟，明日見焉，乃作此詩。

東方雲海空復空，群仙出沒空明中。

蕩搖浮世生萬象，豈有貝闕藏珠宮。
心知所見皆幻影，敢以耳目煩神工。
歲寒水冷天地閉，為我起蟄鞭魚龍。
重樓翠阜出霜曉，異事驚倒百歲翁。
人間所得容力取，世外無物誰為雄。
率然有請不我拒，信我人厄非天窮。
潮陽太守南遷歸，喜見石廩堆祝融。
自言正直動山鬼，豈知造物哀龍鍾。
信眉一笑豈易得，神之報汝亦已豐。
斜陽萬里孤鳥沒，但見碧海磨青銅。
新詩綺語亦安用，相與變滅隨東風。

夢見未來——〈書歐陽公黃牛廟詩後〉

夜裡，當我們在睡眠中，也許做了很多夢，但是醒來之後，大約也就忘了。直到在現實生活中，遇到了某個似曾相識的場景，於是夢的記憶被召喚回來。到那時，我們會認爲自己曾經做的夢，在後來眞的實現了！因此相信這是一種能夠預知未來的夢。而這種夢，實在非常神祕！因而給我們帶來很大的想像空間。

蘇軾有一篇文章〈書歐陽公黃牛廟詩後〉，便是眞實記錄了他的老師歐陽修曾經經歷過預知未來的夢，只不過做夢的人是與歐陽修同榜進士的丁寶臣。那一年是宋仁宗景祐元年，新科進士歐陽修在洛陽擔任西京留守推官。官做得好好兒的，那丁寶臣突然跑來對他說：「好奇怪呀！我昨晚做了一個夢，夢見和你一起在江上坐船，然後上岸來到一座廟宇，我們想進去參拜，可是你堅持走在我的後方，我一再相讓，你還是要讓我走在前面。當我們參拜神明完畢時，神像突然站起來了！祂走下來向你行禮，請你上座，還在你耳邊講了好一會兒的悄悄話。我當時認爲這神明也太勢利了！

對你的態度，就是和別人不一樣。然後我們一同走出廟門，就看見門口的石馬只剩一隻耳朵。我今天早上從夢中醒來，就一直在想：這個夢到底代表什麼意思？」當然那時歐陽修也不知道這個夢代表什麼涵義。

直到景祐三年十月，後宮發生了一件大事，皇后與妃嬪們打鬧起來！郭皇后就給了妃子一巴掌！仁宗過來勸架，也不慎被皇后所傷，皇上因而大怒！決定廢后。當時的名臣范仲淹正擔任右司諫，他反對廢后，於是聚集了好幾位御史臺的官員直接跑到垂拱殿去求見皇帝，但是遭到拒絕。第二天，范仲淹又帶著大家去到待漏院，堵住同中書門下平章事呂夷簡，意欲進言。他的舉動，惹惱了仁宗，於是被貶睦州。這時歐陽修出來說話了，他爲范仲淹打抱不平，結果被貶至夷陵縣，這個地方在今天的湖北宜昌。不差幾天，那丁寶臣也被調派到峽州做軍事判官，峽州因位於三峽之口而得名，其政府所在地就在夷陵。所以丁寶臣是調到與歐陽修同一個地方了。

他們兩人在過了一個年之後，相約去當地很有名的黃牛廟參拜。這座廟是長江三峽一帶著名的古蹟，主祀開江治水的大禹，如今還坐落在湖北宜昌，面臨著浩浩蕩蕩的長江。當時丁寶臣進廟前，欲禮讓歐陽修，可是歐陽修堅持走在老同學的後面。兩人入廟之際，頓時同感驚訝！這一前一後一同參拜的景象，不就是當年丁寶臣所夢見的場景嗎？更令人驚異的是，他們一出廟門就看見石馬缺了一隻耳朵。歐陽修於是寫了一首詩〈黃牛峽祠〉題於廟中。

許多年後，蘇軾被貶黃州，宜都令朱君嗣和他聊起歐陽修的往事，他們兩人深感仕途難測，也許冥冥中皆有注定吧。朱君嗣希望蘇東坡爲歐陽修的詩寫一篇題跋。於是蘇軾寫下〈書歐陽公黃牛廟詩後〉，開頭先交代寫作的緣由：「元豐五年，軾謫居黃州，宜都令朱君嗣先見過，因語峽中山水，偶及之。」東坡說，朱君嗣請他撰文，並且刻在廟裡。大約此時他自己也感受到宦海浮沉，都屬無奈，眼下他在黃州，也只能聽天由命。不過當年在丁寶臣的夢中，那神像曾經特別尊重歐陽修，這也許給了歐陽修某種啓示，讓他不至於氣餒，因此後來做到了翰林學士、樞密副使和參知政事等朝堂要職。

至於什麼樣的人可以夢見未來？從醫學上的角度來看，往往是個人在潛意識裡擔心某件事情會發生，因此有種直覺與洞察，而這份直覺與洞察其實又是個人的生活經驗在大腦中所虛構出的場景，並且反映在夢境裡。我想丁寶臣與歐陽修的感情非常好，兩人同年折桂，因而成爲知己和至交，彼此互相以詩交遊，終身往來。是故丁寶臣非常了解歐陽修的個性，知道他是很正直的人，因爲他總是說該說的話，就連受到神明的青睞，他也還是義正嚴辭地說這廟乃屬於民間信仰的「淫祀」。因此丁寶臣擔心他這位老友在官場上遲早會因爲直言極諫而出問題，於是在潛意識裡興起了某種威脅感與覺察力，進而做了這個夢。而且人都有合理化的心理作用，會把現實生活中所看到的事情牽強附會到夢裡，因此認爲自己所做的夢，具有神祕的預見性。至於東坡的文章，那又是第二手資料了。

書歐陽公黃牛廟詩後

右歐陽文忠公為峽州夷陵令日所作〈黃牛廟〉詩也。軾嘗聞之於公：「予昔以西京留守推官，為館閣校勘，時同年丁寶臣元珍適來京師，夢與予同舟泝江，入一廟中，拜謁堂下。予班元珍下，元珍固辭，予不可。方拜時，神像為起，鞠躬堂上，且使人邀予上，耳語久之。元珍私念，神亦如世俗待館閣，乃爾異禮耶？既出門，見一馬隻耳，覺而語予，固莫識也。不數日，元珍除峽州判官。已而，余亦貶夷陵令。日與元珍處，不復記前夢云。一日，與元珍泝峽謁黃牛廟，入門惘然，皆夢中所見。予為縣令，固班元珍下，而門外鐫石為馬，缺一耳。相視大驚，乃留詩廟中，有『石馬繫祠門』之句，蓋私識其事也。」元豐五年，軾謫居黃州，宜都令朱君嗣先見過，因語峽中山水，偶及之。朱君請書其事與詩：「當刻石於廟，使人知進退出處，皆非人力。如石馬一耳，何與公事，而亦前定，況其大者。公既為神所禮，而猶謂之淫祀，以見其直氣不阿如此。」感其言有味，故為錄之。

正月二日，眉山蘇軾書。

回憶令人又哭又笑！——〈黎檬子〉

我有一項特殊的「本領」，就是將切片的檸檬，面不改色地當作是柳丁一般享用。有一回，小姪女坐在一旁，驚訝地問：「不酸嗎？」我說：「好酸呀！」還在讀書的時候，暑期到德國去旅遊，看到那裡的果樹處處結實纍纍，有時紛紛落在青青草地上，陽光下，亮晃晃的果子，像是珍貴的珠寶，又令我想到美國加州花園裡，落得滿地鮮紅的蘋果。在歐洲，有很多黃色的萊姆，口感比較不那麼酸，而且聞起來有淡淡的橙香。其實檸檬的品種很多，還有《紅樓夢》十二釵正冊裡的「香櫞」，因為果與皮都帶著芬芳，所以又被稱為香水檸檬。雖然也是金黃色的，但是果實比萊姆大，形狀則呈長橢圓形。這麼多種好吃的、芳香的萊姆與檸檬，真令人回味無窮！

是啊，回憶總是最美！蘇東坡也這麼說。宋哲宗紹聖四年，他被貶謫到海南島，偶然想起了一個老朋友黎錞，字希聲。之所以有這樣的字，是因為他的名為「錞」，意思是一種很古老的打擊樂器，典故出於《周禮‧地官‧鼓人》：「以金錞和鼓。」可見錞與鼓可以合奏。而老子《道德經》

有：「大方無隅，大器晚成，大音希聲，大象無形。」因此黎錞就以「希聲」與他的名相對應。擁有這麼高學問的名與字，黎錞本人也相當有學識，他專門研究《春秋》，而且深獲歐陽修的讚賞！

這位宋朝有名的經學家，年輕時讀書相當刻苦，他的個性又很木訥，因爲很拚命讀書的緣故，所以整個人看起來有點痴傻。有些無聊的鄰居想要試探他是不是眞的柳下惠，便讓一個女子夜裡去引誘他。只見女郎妖嬈嫵媚地聲聲呼喚黎錞，但是我們這位書生依然手不釋卷，滿口吟詩：「十里樓臺五里亭，忽聞花裡喚黎聲。狀元本是天生成，故遣嫦娥報姓名。」

黎錞也是四川人，他家在廣安，做官則是在蘇軾的家鄉眉州，而且官聲很好。蘇軾與他交往甚厚，稱讚他「簡而文，剛而仁明，正而不阿，久而民益信之」。東坡希望與黎眉州相約將來兩人退休後，一起度過詩酒人生。「且待淵明賦歸去，共將詩酒趁流年。」可惜後來黎錞早一步先走了。

黎錞這個人非常老實，是個書痴，而且反應有點慢半拍，所以當時被同朝爲官的劉攽所譏笑。劉攽，字貢父，是北宋著名的史學家，而且是《資治通鑑》的副主編。作家同時也是國學大師的錢鍾書認爲劉攽「也許在史學考古方面算得北宋最精博的人」。劉攽後來官至國子監直講，遷館閣校勘。但是這個人好諧謔，並且經常與蘇軾開玩笑。有一回，蘇軾提起他當年和弟弟在讀書準備考試時，每天都吃很香、很好吃的三白飯，「啊！現在想來，眞是回味無窮！」一句話勾引得劉攽好奇不已！他想知道什麼是三白飯，蘇軾解答謎底：「很簡單，就著白鹽、白蘿蔔，吃白米飯。這就是三白了。」

劉攽聽了當場哈哈大笑！不久之後，他邀請蘇軾去他家吃一頓「皛飯」。蘇軾對於飲食一直都很有興趣！尤其聽到這個新名詞兒，直覺得很興奮！沒想到，到了劉攽家裡，看到餐桌上只有一盤白鹽、一盤白蘿蔔和一碗白飯。蘇軾恍然大悟自己被耍了！臨走前，他邀請劉攽明日來吃飯，而且他也玩弄了文字學，說是要吃「毳飯」。劉攽覺得有蹊蹺，但是因爲好奇，還是赴宴了。只不過他東等西等，就是等不到蘇軾上菜，主人家就這麼一直閒聊下去。直到劉攽受不了了，便問他：「爲何還不開飯呢？」蘇軾這才回答他「我們今天的毳飯就是鹽也毛，蘿蔔也毛，白飯也毛」。劉攽是江西人，他們說「沒有」的時候，發音近「毛」。所以今天蘇軾什麼都沒有準備，因此鹽也沒有、蘿蔔也沒有、白飯也沒有。

這麼促狹的事，蘇東坡晚年回憶起來，竟是這樣的懷念！他還想起了另一件事，愛開玩笑的劉攽曾經給黎錞取了個綽號叫「黎檬子」，大約是指他的德行太高尚，滿口文謅謅，感覺是個酸腐書生吧！然而那時東坡並不知道嶺南有一種水果，就叫黎檬子。

這一天，東坡在儋州騎馬，經過市集，忽然聽見攤販上有人正在叫賣：「黎檬子！黎檬子！」東坡頓時大笑，差點從馬背上跌下來！但是笑過之後，他的眼淚隨即掉下來了。「今吾謫海南，所居有此，霜實纍纍，然二君皆入鬼錄。坐念故友之風味，豈復可見！劉固不泯於世者，黎亦能文守道不苟隨者也。」東坡在人生最後的幾年，不斷地回想起年輕時美好的往事，那些走過的青春歲月和曾經一起相伴的朋友，都成爲他生命中不能抹滅的印記。

尤其是那個黎檬子，如今人在天涯，再度聽到這個名字時，早已世事滄桑。不過說起水果黎檬子，確實是出於嶺南。我們看南宋周去非在淳熙年間所寫的《嶺外代答》一書，其內容包括當時廣西的地理、人文、邊防、風土、物產，還有東南亞各種國的相關記載，堪稱宋代廣西的地方志。書中曾寫道：「黎朦子，如大梅，復似小橘，味極酸。或云自南蕃來，番禺人多不用醯，專以此物調羹，其酸可知。又以蜜煎鹽漬，暴乾收食之。」這種檸檬，味道很酸！廣東人因此就不太用醋來調味，而是選用檸檬汁。此外人們也可以運用糖漬的製法，晒乾了以後，當作蜜餞來品嚐。

清代乾隆年間的詩人和書畫家杭世駿。此人曾經上書皇帝，大放厥辭，認爲滿州人的才華不及漢人的一半，所以質問皇上多用滿人，而排擠漢人。乾隆氣得要殺他！當時刑部尙書徐本爲他求情：「是狂生，當其爲諸生時，放言高論久矣。」後來乾隆三十年下江南時，杭世駿來接駕，皇帝問他：「個性可都改了？」他直接回答：「臣老了，改不了。」到了乾隆三十八年聖駕再度南巡，又見到杭世駿，皇帝很驚訝：「怎麼這個人還在呀？」很離奇的是，當天晚上杭世駿就死了。他曾經有一首〈黎朦詩〉：「粵稽桂海志，是物爲黎朦。」他的意思說，南宋范成大著有《桂海虞衡志》一卷，記載了很多正史沒有寫到的關於兩廣乃至於海南島上的風土、物產和地理環境。其中粵人稱他們當地的一種水果爲「黎朦」。如今這本《桂海虞衡志》已經失傳，除了《永樂大典》有一些引文之外，我們再也看不到這本書的完整內容了。而杭世駿晚年曾主講廣東四大書院之一的粵秀書院，又精通史學與小學，並曾校勘《十三經》與《二十四史》，學問廣博，也偶然記錄了檸檬的粵語。有趣的是，杭世駿的弟弟在一首祝壽詩裡將他這位哥哥與蘇東坡並稱：「東坡先生生丙子，吾兄亦生丙子年。其間相去數百載，高才掩映無後先。」原來杭世駿與東坡一樣都在丙子年出生，遙遙相隔六百五十年，兩人同樣性格剛正，敢直言極諫，而且學問淵博，才高八斗，是故載於史冊，而千古留名。

附錄原文

黎檬子

吾故人黎錞，字希聲，治《春秋》有家法，歐陽文忠公喜之。然為人質木遲緩，劉貢父戲之為「黎檬子」，以謂指其德，不知果木中真有是也。一日聯騎出，聞市人有唱是果鬻之者，大笑，幾落馬。今吾謫海南，所居有此，霜實纍纍，然二君皆入鬼錄。坐念故友之風味，豈復可見！劉固不泯於世者，黎亦能文守道不苟隨者也。

一碗「超然有高韻」的魚湯——〈煮魚法〉、〈書煮魚羹〉、〈子瞻患赤眼〉

最近醫生建議我改變飲食習慣，最好是轉換成地中海型料理，包括：多吃堅果，多吃魚。我其實很愛吃魚，東坡也是。他在黃州的時候，就喜歡自己下廚，尤其是煮魚，爲此還寫了一篇〈煮魚法〉。

他將新鮮的鯽魚或是鯉魚清理乾淨之後，以冷水下鍋，撒鹽，加入白菜心和蔥白，不要攪拌，煮到半熟的時候，加入生薑，再倒進少許的蘿蔔汁和酒，這三樣配料是等比例的。然後在魚要起鍋時，撒上一點刨絲的橙皮，這就是一碗湯濃味美，還帶有一點橙香的「東坡魚羹」了。

蘇東坡一定是很滿意自己的廚藝，以至於後來到了美如西子的杭州，還經常念念不忘當年在黃州的創發。「予在東坡，嘗親執槍匕，煮魚羹以設客，客未嘗不稱善。」而今來到了西湖邊，杭州的山珍海味，尊品佳餚，不知道爲什麼令他感覺厭膩，又偶然有機會與仲夫貺、王元直、秦少章等人聚餐。東坡一時興起，於是挽起袖子來燒菜，而且又做了一次「東坡魚」。那天宴席上在座的客人們都說：「此羹超然有高韻，非世俗庖人所能彷彿。」

煮魚、吃魚可眞是東坡的得意事啊！他親手做的一碗魚湯，竟能夠讓朋友們嚐出文人的韻味與境界來，這眞是文化界的一樁美事。但是有一天，醫生卻告訴他：「不要吃肉，包括質地很細膩的魚肉，都在禁止之列。」因爲當時他的眼睛發炎了，又紅又腫！聽到這項禁令，東坡當場展開了眼睛與嘴的大戰！原本東坡打算聽醫生的話，但是他的嘴發出了嚴正的抗議：「我，作爲你的嘴；他，則是你的眼睛。你不能厚此薄彼，因爲眼睛病了，你就只對眼睛好，卻對嘴很苛刻！竟然剝奪我的食物，這是不可以的！」子瞻聽了嘴說的話之後，竟不知道該如何是好。然後嘴又對眼睛說道：「改天換我病了，到那個時候，你想要看什麼東西，我都不會阻攔你。」

好吃的嘴，這麼左右開弓，極力爭取，反而使得東坡想到《國語・晉語》裡有一段話：「畏威如疾，民之上也；從懷如流，民之下也。」人如果畏天、敬天，就像害怕生病一樣，那麼他就能夠節制自己的慾望，這樣的人屬於上等。相反地，如果順從私慾，隨波逐流，那就是下等人了。東坡害怕自己引用了《國語》，雖然振振有詞，但還是克制不了自己的口腹之欲，於是再用《禮記・表記》所云：「君子莊敬日強，安肆日偷。」來自我鼓勵。總之，今後他決定將「畏威如疾」當成座右銘，時刻不能忘。

我很同意他的想法，畢竟健康最重要！而我也會乖乖聽醫生的話，而且除了研究地中海型的飲食，也應該多實驗東坡魚的做法，不僅爲了健康，更希望體會「超然有高韻」的飲食情境。

煮魚法

子瞻在黃州，好自煮魚。其法，以鮮鯽魚或鯉治斫，冷水下，入鹽如常法，以菘菜心芼之，仍入渾葱白數莖，不得攪。半熟，入生薑蘿蔔汁及酒各少許，三物相等，調匀乃下。臨熟，入橘皮線，乃食之。其珍食者自知，不盡談也。

書煮魚羹

予在東坡，嘗親執槍匕，煮魚羹以設客，客未嘗不稱善，意窮約中易為口腹耳！今出守錢塘，厭水陸之品，今日偶于仲夫貺、王元直、秦少章會食，復作此味，客皆云：此羹超然有高韻，非世俗庖人所能彷彿。

子瞻患赤眼

余患赤目，或言不可食膾。余欲聽之，而口不可，曰：「我與子為口，彼與子為眼，彼何厚，我何薄？以彼患而廢我食，不可。」子瞻不能決。口謂眼曰：「他日我痁，汝視物吾不禁也。」管仲有言：「畏威如疾，民之上也；從懷如流，民之下也。」又曰：「燕安酖毒，不可懷也。」《禮》曰：「君子莊敬日強，安肆日偷。」此語乃當書諸紳，故余以「畏威如疾」為私記云。

江山風月，閑者才是主人
——〈東坡昇仙〉、〈臨皋閑題〉

「東坡死了！」這是在蘇軾貶謫歲月中，最常被人謠傳的一件事。蘇軾本人倒是對世間的傳聞頗感興趣，因此寫了一篇〈東坡昇仙〉。

第一次聽到這樣的訛傳，是在他被貶到黃州時。而當時眞正辭世的人，是和他同榜進士的曾鞏。熟悉蘇軾生平的人都知道，當年主考官歐陽修以爲蘇軾的這篇文章是曾鞏寫的，爲了避嫌，他將蘇軾從第一名拉下來屈居第二。如今曾鞏過世，他又被拉下來相陪！眞不知道他和曾鞏之間，究竟存在著一種什麼樣的緣分？而且東坡死去的傳聞，還被說得歷歷確鑿。人們說，東坡是被上帝召喚到天上去的。只不過這個故事一聽就知道是抄襲唐代大詩人李賀的傳奇事蹟。

根據晚唐李商隱所寫的〈李長吉小傳〉，李賀的姊姊指稱，弟弟在臨終前，大白天的，便看見一位身穿火紅衣服的人，騎在赤焰巨龍的身上，手裡拿著一個板子，板子上寫著古代的文字，好像是篆文，又好像是石鼓文，總之李賀看不懂。但是這個人卻說：「我是來帶你走的！」李賀立刻下床向他磕頭，並且苦苦哀求：「阿瓕（母親）老且病，賀不願去。」可是那紅衣人卻笑著說：「你別擔心，上帝建造了座白玉樓，特命你去寫題記。況且天上有仙女天天演奏美妙的音樂，不會虧待你的。」李賀聽了，止不住啜泣。過了一會兒，就斷氣了。這時，他的家人看到李賀身旁咕嘟嘟地冒著白煙，而且耳邊似乎也聽到了車子發動的聲響。最後，那「嘒管行車」之聲，終究帶走了一代文人才士。

與東坡的傳聞有關的是，我們經常在李賀的詩中看到「死」這個字，而且他也會透過豐富的想像力，以及詭異的修辭，例如運用許多險韻奇字，來打開一個瑰麗美妙而又異想天開的文學之窗。他也曾經幻想在死氣沉沉的墳墓裡，會有傳說中的精靈出現，而墓園裡的一草一木，甚至於連影影綽綽的鬼火，其實也都展現了生機。他就是讓這美麗動人的事物與驚悚恐怖的情節，彼此強烈地對照著，又能夠相互融合無間。於此我們看得出，常常在鬼門關外遊走的李賀，其實比任何人都還要熱愛生命，並且奮不顧身地投入藝術創作。只可惜他一向身體虛弱，先天不足，而最終仍敵不過上天的安排，溘然長逝。

蘇東坡，人在黃州，卻被傳聞如同李賀一般，爲上帝所召喚到天堂去寫詩。我想，這個故事也還是表達了世人對他的崇敬與惋惜！據說當時連宋神宗都聽聞東坡已死，他趕緊召見同屬四川人的蒲宗孟來問話。其實皇帝本來就沒有要置蘇軾於死地的意思，如今聽說他可能已經不在人世間，神情中甚至流露出失落與感傷，想到痛失人才，神宗也禁不住嘆息連連！其實我們也沒想到這個「不幸」的假消息，竟然能夠引起政權層峰的高度關注，也讓他們暫時性地良心發現。

等到蘇東坡被貶海南島時，世間再度傳聞，他已經仙逝！「今謫海南，又有傳吾得道，乘小舟入海不復返者。」而且這一次是遍傳了東京汴梁的大街小巷！蘇東坡是收到了大兒子的信，才知道這件事的。此番傳言的故事是這樣說的：據廣州太守指稱，蘇東坡在儋耳忽然人間蒸發，只留下了一件道服。人們臆測他大約是昇天成仙了！

東坡面對這樣的說法，只能嘆息連連：「吾平生遭口語無數。」回顧憂讒畏譏的一生，還不時被誤報死亡的訊息，東坡除了無奈，他還自比爲韓愈，爲什麼呢？表面上的理由是，他的生辰與韓愈相仿，韓愈曾經聲稱自己命不好，那麼東坡也就認了，他也相信自己是先天注定的歹命。然而實際上眞實的理由，我們都能想得到，那就是韓愈曾經爲了直陳迎佛骨事，觸怒皇帝，竟因此被貶到了蠻荒的嶺南。這樣的處境，不是與東坡極爲相似？我們來看《舊唐書・韓愈傳》：「臣所領州，在廣府極東，過海口，下惡水，濤瀧壯猛，難計期程，颶風鱷魚，患禍不測。州南近界，漲海連天，毒霧瘴氛，日夕發作。」

這個地方又有颶風，又有鱷魚；毒霧瘴癘，到處瀰漫。可憐韓愈一直身患疾病，才剛過五十，就滿頭白髮，牙齒也落了不少。如今被當作是重刑犯，發配到極端險惡的環境中，遂使他整日憂惶慚悸，擔心死神隨時降臨。而且他比東坡更慘的是，他是獨自一人被貶到這裡來的，身邊並沒有親人相伴支持，因此心境也非常孤淒。他說：「單立一身，朝無親黨，居蠻夷之地，與魑魅同群，苟非陛下哀而念之，誰肯爲臣言者？」韓愈眞是說出了東坡的心聲！於是蘇東坡認同了這位比自己早兩百六十年的詩人：「今謗我者，或云死，或云仙，退之之言良非虛爾。」

許多話本都採用「話分兩頭說」的敘事結構。那麼我們不妨也來說說，當外界盛傳東坡已死的時候，在世界的另一個角落，蘇軾本人正在做什麼呢？原來他受到黃州新太守徐君猷的照顧，還有武昌太守朱壽昌的幫忙，得以遷居驛館臨皋亭。東坡對新居滿意得不得了！他們家二十口人，終於有個安全的落腳處了。他寫信告訴朱太守：「已遷居江上臨皋亭，甚清曠，風晨月夕，杖履野步，酌江水飲之，皆公恩庇之餘波。想味風義，以慰孤寂。」事實上，他還爲此事寫了一篇〈臨皋閑題〉，向世人展現他的新居有多好！「臨皋亭下八十數步，便是大江，其半是峨眉雪水，吾飲食沐浴皆取焉，何必歸鄉哉！」古代文人，喜歡烹茶品茗，因而十分注重飲用水的品質，東坡尤甚，再加上他又愛做菜，所以對於水一直很講究。事實上，他有一篇文章就是談水：「時雨降，多置器廣庭中，所得甘滑不可名，以潑茶煮藥，皆美而有益，正爾食之不輟，可以長生。其次井泉甘冷者，皆良藥也。」在這篇〈論雨井水〉中，東坡說：天剛剛降下的甘霖，可以煮茶，可以煎藥，長期飲用，也是養生之道。其次是井水和泉水，其甘甜冷冽者，喝了比吃藥還能補強身體！如今他家門前，就有取之不盡，用之不竭，而且泰半是從峨眉山下來的潔淨雪水，東坡豈能不開懷？他根本不想回故鄉了。此時應該連同被貶謫的厚重陰霾，都要爲此一掃而空！

「江山風月，本無常主，閑者便是主人。」東坡進一步說。「閑」之一字，點出了文人無盡的心靈寶藏，因為閑適，故而可以讀書吟詠、書寫文章、暢遊山水、飲酒作畫……。歷來所有傳世名作，都出於「閑」之一字。而東坡所點出的「閑」，不僅是人類藝術文化的源頭，同時也為美好的江山風月，尋到了最適切的欣賞者與主人。因此，中國文人不強調「忙」，而崇尚「閑」。在東坡之後六百年，明代張潮撰寫《幽夢影》便說道：「人莫樂於閑，非無所事事之謂也。閑則能讀書，閑則能遊名勝，閑則能交益友，閑則能飲酒，閑則能著書。天下之樂，孰大於是？」

東坡在原本苦悶的貶謫地，反而體驗到天下至樂！別的不說，僅僅是那滔滔不絕的峨眉山清淨雪水，就值得了！「聞范子豐新第園池，與此孰勝？」別人還得花大把大把的錢鈔來建造花園豪宅，而東坡卻開門即是無盡的江山風月，他知道只要有心，自己隨時都能成為天地大宅的眞正主人。

東坡昇仙

吾昔謫黃州，曾子固居憂臨川，死焉。人有妄傳吾與子固同日化去，且云：「如李長吉時事，以上帝召他。」時先帝亦聞其語，以問蜀人蒲宗孟，且有嘆息語。今謫海南，又有傳吾得道，乘小舟入海不復返者，京師皆云，兒子書來言之。今日有從廣州來者，云太守柯述言吾在儋耳一日忽失所在，獨道服在耳，蓋上賓也。吾平生遭口語無數，蓋生時與韓退之相似，吾命在斗間而身宮在焉。故其詩曰：「我生之辰，月宿南斗。」且曰：「無善聲以聞，無惡聲以揚。」今謗我者，或云死，或云仙，退之之言良非虛爾。

臨皋閑題

臨皋亭下八十數步，便是大江，其半是峨眉雪水，吾飲食沐浴皆取焉，何必歸鄉哉！江山風月，本無常主，閑者便是主人。聞范子豐新第園池，與此孰勝？所不如者，上無兩稅及助役錢耳。

延伸思考

追憶似水年華

我們經常請教老闆或老師等人，
關於某件事情應該怎麼做，
然後很努力地想達到目標。
可是如果做出來的結果還是不如預期，
你覺得應該如何處理自己內心的失望？

國家圖書館出版品預行編目資料

蘇東坡：竹杖芒鞋輕勝馬，笑看人生的大文豪
／朱嘉雯著．－－ 初版．－－ 臺北市：五
南圖書出版股份有限公司，2022.09
面；　公分
ISBN 978-626-343-233-8（平裝）

1.CST：(宋)蘇軾　2.CST：傳記
3.CST：學術思想　4.CST：文學評論

782.8516　　　　111012938

1XLR
【朱嘉雯經典文學情商課1】

蘇東坡

竹杖芒鞋輕勝馬，笑看人生的大文豪

作　　者 — 朱嘉雯（34.6）
發 行 人 — 楊榮川
總 經 理 — 楊士清
總 編 輯 — 楊秀麗
副總編輯 — 黃文瓊
責任編輯 — 吳雨潔
封面設計 — 王麗娟
美術設計 — 姚孝慈
出 版 者 — 五南圖書出版股份有限公司
地　　址：106台北市大安區和平東路二段339號4樓
電　　話：(02)2705-5066　　傳　　真：(02)2706-6100
網　　址：https://www.wunan.com.tw
電子郵件：wunan@wunan.com.tw
劃撥帳號：01068953
戶　　名：五南圖書出版股份有限公司

法律顧問　林勝安律師事務所　林勝安律師

出版日期　2022年9月初版一刷
定　　價　新臺幣380元

經典永恆·名著常在

五十週年的獻禮——經典名著文庫

五南，五十年了，半個世紀，人生旅程的一大半，走過來了。
思索著，邁向百年的未來歷程，能為知識界、文化學術界作些什麼？
在速食文化的生態下，有什麼值得讓人雋永品味的？

歷代經典·當今名著，經過時間的洗禮，千錘百鍊，流傳至今，光芒耀人；
不僅使我們能領悟前人的智慧，同時也增深加廣我們思考的深度與視野。
我們決心投入巨資，有計畫的系統梳選，成立「經典名著文庫」，
希望收入古今中外思想性的、充滿睿智與獨見的經典、名著。
這是一項理想性的、永續性的巨大出版工程。
不在意讀者的眾寡，只考慮它的學術價值，力求完整展現先哲思想的軌跡；
為知識界開啟一片智慧之窗，營造一座百花綻放的世界文明公園，
任君遨遊、取菁吸蜜、嘉惠學子！